참사랑땀으로
자라는아이들

이 도서의 국립중앙도서관 출판시도서목록(CIP)은
서지정보유통지원시스템 홈페이지(http://seoji.nl.go.kr)와
국가자료공동목록시스템(http://www.nl.go.kr/kolisnet)에서
이용하실 수 있습니다. (CIP제어번호 : CIP 2014007511)

이영근 선생님의 학급운영 이야기

참 사랑 땀으로 자라는 아이들

2014년 3월 12일 초판 1쇄 발행
2016년 4월 22일 초판 2쇄 발행

지은이 | 이영근
펴낸이 | 이형세
디자인 | 기민주
일러스트레이션 | 박정은
인쇄·제본 | 두성 P&L
펴낸곳 | 테크빌교육(주) www.tekville.com
티처빌 | www.teacherville.co.kr
주소 | 서울시 강남구 언주로 551, 6층(역삼동, 프라자빌딩)
전화 | 02-3442-7783(222)
팩스 | 02-3442-7793

ISBN | 978-89-93879-59-9
정가 13,000원

이영근 선생님의 학급운영 이야기

참사랑 땀으로 자라는 아이들

| 이영근 지음 |

즐거운학교
www.njoyschool.net

여는 글 · 6

1학기

01 3월, 잘 만나기, 첫날 · 11

모두가 바쁜 첫날, 마음 준비하기 · 12 | '자, 시작이다. 잘하자. 사랑하자' · 13
아이들 이름으로 노래 부르기 · 14 | 우리 반 분위기를 느끼게 해주다 · 16
영원히 기록될 첫날 아이들의 모습 · 17

🍃 3월의 날적이 · 19

02 4월, 생일책과 책 돌려 읽기 · 41

생일책 · 41 | 아이를 업고 교실 한 바퀴 · 43 | 책 돌려 읽기 · 45
'책 맞이 고사'로 책 돌려 읽기 시작 · 46

🍃 4월의 날적이 · 49

03 5월, 함께하는 길동무, 학부모 만나기 · 67

문자 · 68 | 카카오톡 단체 문자 · 70 | 아버지 모임 · 71

🍃 5월의 날적이 · 74

04 6월, 비와 물과 놀기 · 93

빗소리 듣기 · 94 | 둘레 살피기 · 95 | 비 맞기 · 97 | 맨발로 다니기 · 98
물놀이로 이어가기 · 99

🍃 6월의 날적이 · 102

05 7월, 노래와 기타 동아리 · 119

희망의 노래 · 119 | 목청껏 노래 부르는 교실 · 121 | 기타 동아리 · 123
기타로 나눌 사랑이 참 많다 · 124

🍃 7월의 날적이 · 127

🌱 2학기

06 **8월 – 9월, 칭찬하기** • 147

스티커 보상? • 147 | 잘하는 학생만 받는 스티커 • 148 | 관심, 그리고 말과
글로 하는 칭찬 • 149 | '오늘의 사랑이' 칭찬하기 • 150 | 칭찬 나누기 • 153

🍃 8월, 9월의 날적이 • 156

07 **10월, 함께 성장하기** • 171

수학 배움짝 • 171 | 기타 배움짝 • 175

🍃 10월의 날적이 • 178

08 **11월, 영근신화** • 189

🍃 11월의 날적이 • 196

09 **12월, 아침 해넘이와 해맞이** • 217

아침을 깨우는 아이들 • 217 | 해넘이 아침햇살 • 219 | 해맞이 아침햇살 • 222

🍃 12월의 날적이 • 224

10 **2월, 우리들의 마무리 잔치** • 245

학급 마무리 잔치 • 246 | 모둠 마무리 잔치 • 249

🍃 2월의 날적이 • 252

학급운영은 삶이다
삶을 가장 잘 담을 수 있는 그릇은 일기다

학급운영은 우리 반에서 선생과 학생들이 한 해를 살아가는 모습이다. 3월 첫 만남을 앞두고 '나는 어떤 선생이 될 것인지', '어떤 학생으로 성장하길 바라는지'를 고민하는 것으로 학급운영을 시작한다.

학급 삶에서 하루하루는 늘 새롭다. 그 하루하루가 쌓이고 쌓여 한 해 농사가 된다. 그러니 학급운영은 정답이 없다. 하루, 한 주, 한 달을 어떻게 보내는가에 따라 한 학급의 학급문화는 다른 모습으로 드러나고, 한 해를 마칠 때 아이들 모습에서 보이는 결실 또한 다를 수밖에 없다. 그래서 선생은 늘 고민하고 계획하고 실천하고 반성하는 자리다.

농사는 씨를 뿌리고, 풀을 뽑으며, 곡식을 거두는가에 때가 있다. 학급운영도 마찬가지다. 하루하루 사는 모습은 다 다르지만, 한 해를 길게 보면 때가 있다. 봄에는 아름다운 첫 만남과 학급운영의 틀을 잡고, 여름에는 비를 맞고 학부모와 함께 하는 활동을 한다. 가을에는 가을볕과 나뭇잎 아래에서 책을 읽고, 겨울에는 한 해 학급살이를 돌아보며 반성하는 시간을 갖는다.

이 책에서는 한 해를 열 개의 꼭지로 나눠 담았다. 여러 선생님들의 학급운영에 길잡이가 될 수 있길 바란다.

가끔 둘레에서 "교사로서 어떻게 성장하셨는지요?" 하며 묻는다. 그러면 주저하지 않고 "저는 공부 모임과 일기로 성장하고 있는 것 같습니다"라고 답을 한다. 내가 하는 공부모임으로 서울경기글쓰기교육연구회, 동학년공부모임-으뜸헤엄이, 초등토론교육연구회가 있다. 이런 모임들에서 배우고 실천하며 성장하고 있다.

또 다른 하나가 '일기'이다. 교사를 시작하면서 지금까지 쓰고 있는 교실일기가 그것이다.

일기, 우리 반 학생들에게 날마다 써 보라고 한다. 일기를 날마다 쓰며 삶을 가꾸길 바라는 마음이다. 물론 일기는 '삶'을 담는 그릇이기에, 숙제가 될 수 없기에, 쓰지 않았다고 벌을 하거나 남아서 쓰게 하는 것도 아니다. 일기를 써서 나에게 보여주면, 나는 고마운 마음으로 정성껏 읽어본다. 읽고서 아주 짧게 댓글을 쓴다.

학생들이 나에게 일기를 보여주듯, 나도 내가 쓴 교실일기를 학생들에게 보여준다. 날마다 학급누리집(홈페이지)에 올려서 학생들이 볼 수 있게 한다. 물론 공개하는 일기이기에 학생들이 봐도 되는 내용으로 올리고 있다. 학생들은 내가 쓴 교실일기에 답글을 써 준다. 일기를 써 보여주는 까닭은, "일기, 삶을 가꾸는데 참 좋아요" 하고 말했으니 나도 일기를 쓰며 삶을 가꾸는 모습을 보여주기 위함이다.

"여러분도 일기 쓰며 귀찮거나 힘들 때가 많을 거예요. 사실 나도 그럴 때가 있어요. 그런데 이렇게 날마다 쓰니 이제는 쓰지 않으면 마음이 더 불편해요. 그리고 쓰고 나면 기분이 좋아져요. 여러분도 이런 불편함과 좋은 기분을 느껴봤으면 해요."

이렇듯 내가 쓴 일기를 보여주는 것만으로도 아이들 일기 쓰기에는 참 좋은

지도 방법이다. 그런데 일기를 보여주는 게 일기 지도만을 위한 것은 아니다. 내가 일기를 쓰는 까닭은 내 삶을 가꾸기 위함이다. 그러며 조금이라도 교사로서 성장하기 위함이다.

참사랑땀반 학생들에게 참 고맙다. 나와 만나 지지고 볶으며 알차게 살아줬기에 이렇게 교실 이야기를 내 보일 수 있었다. 또한 "선생님, 일기 써 주세요", "늦더라도 써 주세요" 하는 학생들의 답글이나 문자를 보내준 학생들이 고맙다. 그 문자가 자극이 되어 늦게라도 쓰게 썼기 때문이다. 이렇게 우리 참사랑땀반 학생들이 있었기에 이 책은 나올 수 있었다.

아울러 우리 반이 시끄러워도 참아주시고, 내가 사는 모습을 옆에서 보시며 격려해주시며, 우리 반 학생들에게 웃음으로 사랑을 나눠주신 군포양정초 우리 동학년 한송희, 장희숙, 조형식, 김지현, 남신옥, 강희원, 임정은, 이지은, 한상준 선생님께 고마움을 전한다.

무엇보다, 학급에서 사는 것에 늘 지지와 격려를 보내주는 같이 사는 김정순 선생님과 희문, 수민이에게도 미안함과 고마움을 글로 대신한다.

아이들이 사랑하고
아이들을 사랑하는 선생이 되고픈 영근샘 드림

1학기

01

3월

잘 만나기, 첫날

초·중·고·대학교까지, 3월 새 학년 첫날은 언제나 들뜹니다. 초등학생들도 학교에 첫발을 내딛거나 한 학년 더 올라가는 날입니다.

입학과 새 학년을 시작하는 날은 정말 큰 즐거움이고 기쁜 날이어야 합니다. 입학식에 온 한 아이의 1학년 모습을 떠올려 봅니다. 아이는 두꺼운 웃옷에 쏙 파묻혀 어머니 손을 꼭 잡고 학교에 들어섭니다. 지나가는 언니오빠들이 몸은 크지만 무섭기보다는 함께 다닐 학교생활이 설레기만 합니다. 입학식장에서도 먼발치에서 지켜보는 어머니와 쉴 새 없이 눈빛과 말을 주고받습니다. 옆에 있는 동무와는 금세 친해졌는지 이야기꽃이 피었습니다. 이렇듯 첫날이 설레고 즐거운 우리 아이들입니다.

1학년만 그런 것은 아닙니다. 1학년을 마치고 2학년이 된 아이들도, 학교의 최고 학년인 6학년도 새 학년 첫날은 참 설렙니다. '누가 우리 반 선생님이 될까?', '우리 반에 친한 동무가 있을까?' 하는 설렘에 개학식 전날에는 잠을 설치기도 합니다.

그런데 우리 아이들만 그런 게 아니랍니다. 우리 선생님들도 3월 첫날을 앞두고서 참 바쁩니다. 학교를 옮기는 선생님들은 인사도 해야 하고, 짐도 챙겨 이사도 해야 합니다. 학교를 옮기지 않는 선생님들도 올해 교실을 정리하고 새로운 교실로 이사합니다.

그리고 학급교육과정을 만들어야 합니다. 한 해 동안 우리 반 학생들과 공부와 놀이를 어떻게 꾸릴지 고민하는 시간입니다. 우리 참사랑땀반은 공부로 토론과 배움짝, 주제 발표 학습을 하고 놀이로는 자연체험과 연극놀이를 합니다. 이렇게 생각한 것은 생각그물*로 정리하고 일기를 씁니다.

모두가 바쁜 첫날,
마음 준비하기

이렇게 바쁘지만 첫날 첫 만남을 소홀히 할 수 없습니다. 첫 만남은 하루 전 몸가짐과 마음 가다듬기로 시작합니다. 많은 선생님

---

* 두뇌 활동이 주로 핵심 개념들을 상호 관련시키거나 통합하는 방식으로 이루어진다는 두뇌학자 부잔의 연구 결과를 바탕으로 설립된 교육법인 '마인드맵'의 순우리말입니다.

들께서 개학 전날은 몸과 마음을 가다듬는 시간으로 보냅니다. 어떤 것들이 있을까요? 어떤 선생님은 목욕을 하며 몸을 깨끗하게 하고, 어떤 선생님은 산에 올라 한 해 모습을 하늘에 그립니다. 또 기차나 차를 타고 바다에 가시는 분도 계시고, 영화나 책을 보며 마음을 가다듬기도 합니다. 저는 산에 오르거나 함께 사는 식구와 이야기 나누며 한 해 삶을 고민하고 첫날을 준비한답니다.

그렇게 몸과 마음을 가다듬고 준비했지만 3월 새 학년을 시작하는 첫날 첫 만남은 해마다 설렘과 부담이 늘 함께 합니다. 집에서는 '어떤 옷을 입지?', '머리 모양은 괜찮나?' 하는 생각에 거울 앞에서 얼굴 표정부터 옷맵시까지 다듬습니다. 학교 가는 길에서도 머릿속은 처음 할 말이나 하루 일과를 다듬기 바쁩니다. 저는 개량 한복이나 넥타이를 뺀 양복으로 조금 가볍게 입습니다. 그리고 학교에 가며, '웃자. 사랑하자'를 가슴으로 계속 크게 말하며 담습니다.

'자, 시작이다.
잘하자. 사랑하자'

드디어 학생들과 첫 만남을 갖는 시간입니다. 개학식을 운동장에서 하기도 하지만 아직은 날씨가 찬 편이라 교실에서 할 때가 많습니다. 학교에 오자마자 교실에 가 봅니다. 교실에 가면 학생들

몇몇이 벌써 와서 기다리고 있습니다. 그런데 정말 조용합니다. 작년에 같은 반이었던 친구들끼리만 이런저런 이야기를 주고받을 뿐 대부분은 자리에 얌전히 앉았습니다. 아이들과 이런저런 이야기를 나누며 마음을 푸는 선생님도 계십니다. 저는 아직 서먹하니 가볍게 이름 정도만 묻고서 자리를 피해 줍니다. 자기들끼리 스스로 이야기를 나누었으면 하는 바람에서입니다.

협의실에 가서 뜨거운 차를 한 잔 마시고서는 크게 숨 한 번 고르고서 교실로 갑니다. '자, 시작이다. 잘하자. 사랑하자'라는 말이 가슴에서 나온 외침으로 온몸을 감쌉니다.

아이들 이름으로
노래 부르기

교실에 들어서며 첫인사로 시작합니다.

"안녕."

역시나 조용한 기운이 흐릅니다.

학교에서 하는 행사를 마치고, 미리 준비한 우리 반 맞이 행사로 이어갑니다. 먼저 노래 악보를 나눠 줍니다. 백창우* 님이 만든 〈예쁘지 않은 꽃은 없다〉라는 노래에 새로 함께 하는 아이들 이름을

---

* 1980년대 중반 포크그룹 '노래마을'의 리더였고 1999년부터 지금까지 시노래 모임 '나팔꽃'의 동인으로 활동하는 시인입니다. 시집과 작곡집, 음반을 여럿 냈으며 한국백상출판문화상, 대한민국 출판문화상 등을 수상했습니다.

넣은 노래입니다. '현진 참 예쁘다. 석민도 예쁘다. 홍규 준엽 제윤 동훈 예쁘지 않은 사랑이는 없다'로 이름만 바꿔가며 부릅니다. 이름은 번호 차례로 넣었습니다. 첫 만남에 노래도 신기한데 자기 이름을 넣어서 불러주니 참 좋아합니다.

노래를 불렀으니 제 소개를 합니다. 그냥 하면 재미가 없을 것 같아, "자, 이 종이에 내 이름 이영근으로 3행시 하나 써 보세요"라고 말합니다.

그러고서는 제가 먼저 만듭니다.

'이-이 세상에서, 영-영근 샘만큼, 근-근사한 사람이 또 있을까?'

그제서야 웃는 아이들이 보입니다. 그리고 제 이름 밑에 아이들에게 자기 이름으로도 3행시를 써 달라고 합니다. 그리고 아이들이 쓴 걸 받아 읽어주는 시간을 통해 아이들 하나하나 소개합니다.

우리 반 분위기를 느끼게 해주다

첫날이니 공부보다는 우리 반 분위기를 느끼게 하고 싶습니다. 그래서 우리 반이 작년에 지냈던 모습을 사진으로 보여줍니다. 작년 선배들이 살았던 모습을 간추려 담은 사진입니다.

"이 사진들은 학급누리집(홈페이지)에 있어요. 집에서 들어가 한 번 보세요. 회원가입도 하고. 여기에는 선배들이 여러분들에게 축하한다는 편지도 있어요. 선배들이 어떤 내용으로 여러분이 참사랑반에 들어온 것을 축하했는지도 읽어봤으면 해요."

어떻게 선배들 축하 인사가 있는지 궁금하시죠? 2월 말이 되어 학년과 반, 우리 반 아이들 이름을 학교에서 건네받으면 학급누리집에 그 사실을 알립니다. 그리고 지금까지 제가 가르쳤던 제자들에게 문자를 보냅니다. 후배들을 축하하는 인사말을 학급누리집에 남기면 좋겠다고. 이런 비밀이 있는 겁니다.

사실 많은 선생님들께서 첫날에 어떻게 하는 것이 좋은지 고민하십니다. 근엄하게 무게를 잡아 기선 제압을 할 것인가? 아니면 웃으며 편한 모습으로 함께 어울릴 것인가?

둘 모두 장단점이 있습니다. 저는 웃으며 편한 모습으로 만나려고 애씁니다. 이 글 첫머리에 드러냈듯 3월 새 학년 첫 만남에 가슴이 부푼 우리 아이들에게 그 기대에 맞는 모습이고 싶은 마음입니다. 그러나 편한 분위기로 이끌려고 놀이를 하지는 않습니다. 놀이는 조금 무리하게 나아간 것 같아 아직은 참습니다. 그 대신 요즘 우리 아이들이 느끼지 못하는 큰 즐거움을 줍니다. 다름 아닌 '옛이야기'입니다. 옛이야기 한 자락 들려주면 우리 아이들은 정말 배꼽을 잡고서 좋아라 합니다. 옛이야기에 자신이 없는 선생님들께는 '그림책 읽어주기'를 권합니다.

영원히 기록될
첫날 아이들의 모습

이 정도면 하루 삶을 나름 뜻 깊게 꾸린 것 같습니다.

마지막으로 첫날 우리 아이들 모습을 카메라에 담습니다. 앞으로 더는 볼 수 없는 '지금'의 모습입니다. 더군다나 아이들이 많이 긴장하고 어색해하는 재미있는 사진입니다. 첫날 찍어둔 사진은 한 해를 마치는 2월에 찍은 사진과 견줘보면 참 재미납니다.

이렇게 새 학년 시작하는 첫날, 아이들과 우리 선생님 모두가 참 뜻 깊고 가슴 설레는, 웃음 가득한 만남을 가지길 바랍니다.

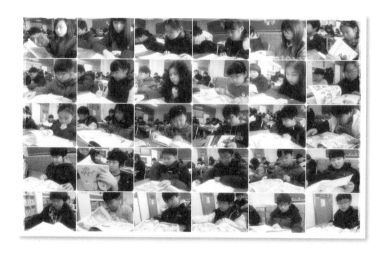

글똥누기를 시작한 날

작년 참사랑땀 13기 때 사고 남은 작은 수첩을 아이들에게 한 권씩 나눠 줬다.

"자, 지금 받은 수첩에 여기 있는 네임펜으로 이름을 쓰세요. 그리고 수첩 앞에는 '글똥누기'라고 쓰세요."

아이들이 어리둥절하며 두리번거린다. 그래서 나도 한 권 보여주며 수첩 표지에 크게 '글똥누기'라고 썼다.

그런데 왜 '글똥누기'인지 아무도 묻지 않는다. 아이들이 아직도 긴장하고 있는 게다.

"글똥누기가 뭘까?"

"자, 아침에 나는 똥을 눴는데 똥 누고 온 사람 있니?"

손 드는 아이가 없다.

"그래? 하루에 한 번 똥 누는 게 좋은데, 그럼 우선 여기를 보며 설명할게. 보자."

컴퓨터를 텔레비전에 나오게끔 하고 글똥누기를 설명한다.

"자, 첫 줄에 이렇게 (3/5) 날짜를 써 봐. 자 되었죠? 그리고서 그 옆에다가 하고픈 말을 솔직하게 담아내는 거야. 어떤 말이 있을까?"

하하, 역시나 아이들이 대답이 없다. 너무 긴장한 것 같은데.

"그러니까 이런 거야. 아침에 집에서 있었던 일, 동생이 똥을 옷에 쌌다든지, 어머니께 혼났다든지 하는 일. 그리고 학교 오는 길에 친구랑 있었던 일이나, 오는 길에 본 것 있잖아. 그러니까 오늘은 햇살이 참 좋게 보였고, 아침에 우리를 안전하게 길을 건너게 해 주시는 어머니들도 계시고. 그렇게 우리가 학교 오는 길에 볼 수 있는 것을 글로 담을 수가 있어."

"그리고 또 봐. 교실에 들어와서도 여러 일이 있었잖아. 친구들과 이야기 나누고, 책 보고, 놀고. 그런 이야기를 글에 담아내는 거야. 아, 하나 더. 여러분 마음도 담아 봐. 고민거리나 걱정도 담아 봐. 그렇게 오늘 아침에 가장 하고픈 말을 담는 거야. 한 줄이어도 되고, 여러 줄이어도 돼. 길이는 어떻든 관계없어. 하고픈 말을 솔직하게 담아 봐."

설명하는 사이, 벌써부터 쓰는 아이들이 보인다. 좋은 모습이다.

아이들이 쓴 글똥누기를 나는 소중하게 읽어 본다. 글똥누기는 일기와는 다르다. 일기는 집에서 오랜 시간 하루 일을 떠올리며 자세하게 쓰는 거지만, 글똥누기는 오늘 아침에 가장 하고픈 말을 그냥 쏟아내는 활동이다. 자세하지 않아도 괜찮고 학교에 오자마자 써도 좋다. 아이들이 글쓰기에 대해 어려워 하지 않고 친숙하게 만드는 것. 그리고 자신의 감정과 생각을 솔직하게 표현할 줄 아는 사람이 되게끔 하는 것. 그것이 글똥누기의 목적이다.

배움짝과 공부 시작

◇◇

수학 시간이다. 책을 펴지도 않은 채, 꼭 하고픈 이야기를 하기로 했다.
우리 반은 수학 시간에 또래학습을 많이 한다. 또래학습이라고 하면 낯
설지만, 바로 짝과 함께, 동무들과 함께 배우고 가르치는 것이다. 함께
공부하는 짝을 배움짝이라고 한다. 그래서 배움짝과 공부하려면 필요한
마음가짐을 이야기했다.

"자, 여기 좀 봐요. 우리 반 바탕인데 같이 볼래요. 보이면 읽어봅시다."

"참 삶을 가꾸는 우리."

"여기서 참 삶을 가꾼다는 것을 공부로 말하자면, 옆에 있는 짝과 경쟁
해서 이기려는 공부가 아니라 함께 가르치며 배우는 공부야. 그리고 여
기도 볼래."

"사랑을 나누는 우리."

"사랑은 어떤 것이라 그러지?"

"…"

"사랑은 받는 것도 기분이 좋지만 줄 때 더 기분이 좋다고 그래. 그러니
내가 가진 것을 사랑하는 마음으로 주자고. 그럼 공부에서 사랑하려면
어떻게 해야 할까?"

"내 것을 줘야 해요."

"내 것을 줄 수 있어야 해요. 그래. 수학을 잘 하는 친구들이 수학을 어

려워하는 친구들에게 내가 아는 만큼 주는 거야. 그런데 공부를 잘 하는 사람은 주고는 싶은데 누구에게 무엇을 줘야할지를 몰라. 왜냐하면 누가 수학을 어려워하는지 알 수가 없잖아. 그럼 왜 수학이 어려워 힘들어 하면서도 모른다고 말하지 못할까?"

약속이 만드는 우리

"소문낼까봐서요."

"그렇지. 소문내는 것, 그러니까 자신 있게 물을 수 없어. 그래서 수학이 조금 어렵거나 힘든 사람에게 필요한 게 있어. 뭐지?"

"말해야 해요."

"그렇지. 잘 모른다고, 어렵다고 도와달라는 말을 해야 해. 그게 '용기'야. 모르는 건 부끄러운 게 아냐. 나도 모르는 게 얼마나 많은데. 그런데 모르는 것을 알려고 하지 않는 건 조금 부끄러운 것 같아. 우리는 서로 모르는 것을 부끄럽게 여기지 말고 용기 내서 말하자. 그런데 도움을 받을 사람이 용기를 내려면 우리 모두 함께 노력해야 할 게 있어. 그게 혹시 뭘까?"

"놀리면 안 돼요."

"못한다고 소문내면 안 돼요."

"그래. 친구가 내가 모르는 것을 말해도 된다는 마음이 있어야 해. 그게 '믿음'이야."

참 정성껏 듣는다. 그 모습이 참 고맙다.

"수학 공부인데도 이렇게 '사랑'과 '용기'와 '믿음'이 있어야 해. 그럴 때 우리 반은 함께 커갈 수 있어. 지금은 아직 그럴 용기가 나지 않을 거야. 한두 달 뒤에는 그럴 수 있을 것이니 지금은 짝과 함께 문제를 풀며 용기 내고 사랑을 나눠."

오늘 공부로는 '도형의 합동'을 한다. 원래 5단원인데 차례를 바꿔 먼저 한다. 내용이 조금 쉬운 것 같아서 그랬다. 함께 조금씩 풀며 따로 아이들이 풀 시간을 주는데 아이들이 어느새 짝과 문제 푸는 모습을 보인다. 물론 한 번으로 이런 생각이 행동으로, 우리 반 문화로 자리매김 할 수는 없다. 나도, 우리 아이들도 꾸준하게 함께 노력할 때 이룰 수 있을 것이다.

2013년 3월 7일 목요일

아파서 그런 줄 몰라 미안했다

오랜만에 아무지게 양치질을 하고서 기분 좋게 돌아서는데 권유민이 보인다.

"왜?"

"아뇨. 아무 것도 아닌데."

그때 화장실 문안에서 소리가 들린다.

"우엑."

"누구니? 왜?"

"이로인데 토하나 봐요."

"그래? 점심 먹은 거?"

그때 이로가 밖으로 나왔다가 다시 들어간다. 점심 먹을 때 먹기 싫은
반찬을 먹으면 토하는 아이들을 많이 본 나는 으레 그럴 거라 생각했다.
그런데 나오려다 들어가는 게 그런 것만은 아닌 것 같다.

"괜찮아?"

고개를 숙이고 힘없이 대답이 없다. 어깨를 두드리며, "괜찮아. 토하면
좋아지는 법이야" 하고서 나왔다.

"선생님, 이거 어떻게 해요?"

"치우렴."

급식판을 치우는 이로.

그러고서 잊었다.

오늘 못 본 글똥누기, 미안하다

사회 시험을 보는데, 아이들이 보던 《개똥이네 놀이터》*에서 흘렀는지
《보리교육신문》이 보인다. 두 해 전에 윤구병 선생님이 제안하셔서 한
해 동안 보리출판사에서 만든 신문이다. 글쓰기회 정신을 제대로 실천하
신 열두 분을 달마다 한 분씩 돌아가며 엮었지. 그때 나도 편집위원으로

----

* 보리출판사에서 펴내는 어린이 잡지입니다.

함께 했으니 잘 안다. 신문에는 임길택* 선생님이 나와 있었다.

신문을 만들 때 우리가 고른 글, 그 글에서 또 고르고, 자리 배치하고 했으니 다 아는 글 같은데, 또 읽으니 또 새롭다. 감동하며 읽는다. 그때 읽을 때랑 느낌이 다르지 싶다. 많은 글이 지금 내 나이 때 쓰신 글이다. 비슷한 나이, 비슷한 고민일 수 있다는 생각을 하니 더 편하다. 그러면서도 배움은 더 크다.

그때 한 구절이 눈에 쏙 들어온다.

'아이들 글에서 배웠다.'

오늘 아침 그제부터 쓰기 시작한 아침 글쓰기인 '글똥누기'를 보지 못했다. "얘들아, 오늘은 진단평가를 치르니 글똥누기는 내일 보자" 했다. 그런데 임길택 선생님 글을 보니, 다시 아이들 글을 보고 싶다. 오늘 우리 아이들 글에서 내가 배울 게 있으면 찾고 싶었다.

"얘들아, 아침에 쓴 글똥누기 오른쪽에 올려줄래? 내가 다니며 읽고 둘게."

시험 치르는 사이사이 다니며 읽었다. 그때 이로가 쓴 글이 내 머리를 때린다.

(3/7, 목) 어제 저녁에 체를 심하게 해서 아침에 속이 울렁거렸다.

---

* 1976년부터 강원도 탄광 마을과 산골 마을에서 14년 동안 아이들을 가르쳤고 1990년부터는 경상남도 거창에서 아이들을 가르치다가 1997년 폐암으로 세상을 떠난 선생님이자 시인, 동화 작가입니다.

'아, 그랬구나. 그랬구나. 그래서 토했구나.'

아파서 그런 줄 몰라 미안했다. 반드시 아침에 글똥누기를 봐야 하는 까닭이다.

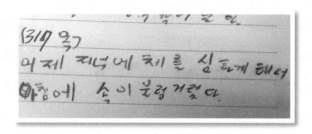

2013년 3월 11일 월요일

노래로 마친 하루

우리 반은 아침마다 노래한다. 그런데 오늘은 부르지 않았다. 우리 학교는 월요일은 아침 책 읽기를 한다(오늘 알았다. 하하). 날마다 한 가지씩 주제가 있다. 우리 반 글똥누기와 함께 하면 별 부담이 없을 것 같다. 주에 한 번만 '시로 여는 아침'으로 하면 된다. 아침에 노래를 하지 않은 게 책 읽기 때문만은 아니다. 여섯째 시간에 음악 수업이 있기 때문이다.

여섯째 시간, 먼저 교과서 노래를 부른다. 컴퓨터로 노래를 익힌다(내가 잘 모르는 노래인지라). 두 번 따라 부르고서는 우리 반 노래를 부른다. 먼저 지난 주 노래(〈꿈이 더 필요한 세상〉, 〈꿈꾸지 않으면〉)를 부른다. 차분하게─조금 신나게.

그리고 이번 주 노래를 부른다(〈햇볕〉, 〈바람이 불어오는 곳〉, 〈꼴찌를 위하여〉).

먼저, 역시나 눈을 감고서 듣게 한다. 다 엎드린다. 엎드려도 좋다. 그냥 듣는다는 게 좋다. 나는 노래하는 게 좋다.

이번에는 눈으로 노랫말을 보라고 했다. 컴퓨터로 노랫말만 띄워서 보여준다.

"선생님, 광탁이 자요."

아이들이 그러는데 내가 모른 척하면 저절로 일어나게 마련이다. 내가 반응하면 아이들은 신나서 좋아하지만 지금 만든 분위기는 다 깨지고 만다. 그래서 즐거움보다 분위기를 위해 모른 척했다. 아니 그냥 두라고 했다. 그러며 한 번씩 흘깃 보는데 역시 일어나서 눈을 비빈다.

아이들은 참 대단한 능력이다.

한두 번 듣고서도 흥얼거린다.

마지막에는 나도 신이 나서 일어나서 기타를 쳤다.

"입을 더 크게."

"그렇지. 잘한다. 조금 더 어깨를 펴고."

"그래."

"에이, 나보다 목소리 작으면 집에 못 가겠는 걸."

신났다. 나나 아이들. 적절하게.

"와, 재밌다. 음악 수업이 제일 좋아."

"작년에는 음악 싫었는데 올해는 음악이 제일 좋아."

내일은 다른 과목도 재밌다는 말을 꼭 들어야 한다.

아니, 아이들이 이렇게 신나서 적극 참여할 수 있도록 이끌어야 한다.

그게 내 몫이다.

점심 시간 나들이

점심이면 밥친구인 아이와 함께 밥을 먹는다. 오늘은 밥친구가 세욱이다. 세욱이와 앉았는데 나보다 먼저 앉아서 밥을 먹고 있다. 그러고서는 식판에만 눈을 둔다. 그만큼 쑥스러운 게다. 그래서 어머님께서 상담으로 들려주신 이야기를 참고로 이런저런 이야기를 나눈다. 역시나 아는 게 있으니 이야깃거리가 나온다. 태권도가 3단이라는 놀라운 사실을 새롭게 알았다.

밥을 다 먹고서, 양치질을 하러 가는데 벌써 몇이 신발장 앞에서 신발 주머니를 들고 서 있다. 나들이를 기다리는 게다.

"선생님, 어디 갔었어요? 나간 줄 알고 내려가다가 왔잖아요."

"선생님, 빨리 나가요."

아이들 성화가 갈수록 거세다.

"잠시만, 저기 급식 담당 모둠, 바닥에 떨어진 게 좀 있다. 잘 치워 줘."

어제부터 우리 반 신발장에 내 운동화를 뒀다. 같이 걸어 오른쪽 계단 (가운데 계단은 학생들이 쓰지 않기로 했다. 그래서 나도 아이들과 같이 갈 때는 가운데로 안 가려 한다)으로 간다. 오늘은 어제보다 셋 정도가 더 늘어난 스물 가까운 아이들이다.

점심 나들이로 체험하다

작년에도 점심을 먹고서 농구도 하고, 텃밭에 가기도 하고, 학교를 돌았다. 그때는 같이 밥 먹는 밥친구가 원하는 곳으로 갔다. 그러니 둘이서 데이트를 즐기는 시간이었다. 둘이 같이 갈 때 다른 아이들이 붙으면 함께 돌고. 그런데 올해는 첫 주에 학교 시설을 살핀다고 한두 번 가장 내 눈에 먼저 보이는 아이를 데리고 갔더니, 저절로 밥친구와 함께 가는 것이 없어지고 다같이 다니게 됐다.

운동장 둘레를 돌며 나무에 올라온 봄 기운을 보기도 하고, 새롭게 올라오는 풀도 본다. 물론 아이들이 좋아하는 것은 나랑 같이 노는 놀이다. 뭐 대단한 놀이도 아니고, 그냥 운동장 둘레 놀이 시설로 논다. 아이들과 함께 운동장 둘레를 돈다. 뛰고, 오르고, 타고, 걷고, 미끄러지고. 그러며 운동장 한쪽 구석에서 반대 편까지 갔다.

"선생님, 달팽이해요."

학교 운동장에는 아이들이 늘 많다. 마흔 학급이 넘는 아이들이 함께 몰려나왔으니. 그래서 오늘은 학교 옆 공원에 있는 족구장에서 달팽이 모양을 그리고 논다. 남학생은 바깥, 수가 적은 여학생은 안쪽. 단순한 이

놀이에도 아이들은 뛰며 땀을 흘린다. 일부러 남학생과 부딪힐 듯 달리며 놀라는 나현이, 돌며 꼭 자빠지며 웃음을 주는 신이, 교실에서 조용했지만 놀이에서는 밀고 당기는 이수민과 서연 그리고 재원, 강한 승부욕을 보이는 남학생들. 5분이면 충분하다. 누가 이기고 지는가 하는 결과는 개의치 않는다.

운동장으로 들어오며 "자, 이제 자유시간" 하는 말에, 아이들이 "와" 하고서 사라진다. 12시 35분에서 55분까지 20분. 그 시간 나들이를 이렇게 좋아한다.

"점심 시간에 이렇게 나와서 노는 선생님 처음이에요"

아이들은 처음이라 좋아라하지만 이것도 곧 익숙해지겠지. 그때는 나와 함께 나들이 하는 아이들 수가 줄어들 것이고, 그게 좋기도 할 것 같다. 그러면 함께 걷고 싶은 아이들(아직도 나에게 손 내밀지 못하고, 말을 잘 걸지 못하는)과 데이트를 즐길 수 있을 것이니.

2013년 3월 25일 월요일

판단이 참 중요한 내 자리

아침을 '주말 이야기'로 열었다.

"자, 주말에 있었던 이야기를 월요일마다 할게요. 글똥누기에 쓰고서 말해도 좋고, 그냥 말해도 좋아. 3분 뒤에 시작할게."

그러고서 책상을 원 모양으로 돌렸다.

"자, 주말에 있었던 이야기 해 볼 사람? 그냥 친구에게 말한다는 생각으로 편하게 말하면 돼."

이로가 용기 내어 발표한다. 자신이 글똥누기에 쓴 것을 읽는데 발표가 또렷하다. 그래서 "이로야, 쓴 것을 읽지 말고 그냥 다시 말해볼래?" 하고서 다시 말하게끔 했는데 조금 어려워한다. 다른 친구들 앞에서 말하는 게 쉽지 않은 게다. 그런 경험이 적은 탓이겠지.

현수는 장황하게 설명을 했지만 만족하지 못하는지 마칠 때 다시 하고 싶다고 했다. 반면 **이는 하는 말이 들리기는 하는데, 이해할 수 없어 몇 번을 다시 말하고 기다리고 했다. 다른 사람이 알아듣도록 말해야 하는 것을 알게 하고 싶으니 다시 하게 한 것인데, **이 마음이 얼마나 떨렸을까 하는 생각을 하면 다시 말하게 한 것이 미안하고, 참 헷갈린다. 내가 내린 순간의 판단이 아이에게 어떨 때는 상처가, 어떨 때는 자신감이 되기도 한다. 그러니 교실에서의 내 말은 참 중요한 자리에서 하는 말 한 마디다.

그래도 일곱은 스스로 말하겠다고 했으며, 여섯은 무작위 뽑기로 하여 이야기를 나눴다. 그렇게 둘러 앉아 주말에 있었던 이야기를 하는 시간, 오늘이 처음이었으니 시간이 흐르면서 더 알콩달콩 이야기를 나눌 것이라 기대해본다.

아이들 일기로 문집 만들기

다현이와 은진이 일기를 소개했다. 특히, 은진이는 일기를 참 정성껏 쓴다. 지난 금요일 식당에서 고기 먹은 일기를 쓰기 위해 자신의 먹었던 고기인 천엽의 이름을 부모님께 묻고, 천엽의 뜻을 인터넷으로 찾았다고 한다. 그 전에 쓴 일기에서는 우리 반에서 친구들이 불만으로 이야기한 것을 푸는 과정을 썼는데, 그때 말한 내용을 모두 다 살려 썼다. 그걸 일기로 쓰려고 그 상황을 떠올리려고 한 노력이 대단한 정성이다.

그런데 이렇게 제대로 쓴 일기를 말로 칭찬만 하지 않고, 작은 문집으로 엮어서 함께 읽으면 더 낫지 않을까? 일기를 소개하면서 하는 내 설명은 '넣어주는 것'이고 '가르치는 것'이다. 그렇지만 아이들 자신이 읽고서 받는 것은 '느끼는 것', '스스로 배우는 것'이다. 아주 작은 차이지만 아이들 처지에서는 참 다른 것이라는 생각이 든다.

일기 한 편씩으로 문집을 만들어야겠구나. 당장 이번 주부터.

2013년 3월 26일 화요일

다 다른 아이들

점심에 밥친구와 여러 아이들과 운동장을 돌고서 맞이한 오후, 두 시간 미술 수업이다. 55분에 수업 준비 종이 치는데 그때부터 모두가 집중한다.

어제 밤에 **이 어머니에게 문자가 왔다. 미술 준비물이 적힌 종이를 두고 왔는데 준비물로 무엇을 준비하느냐고. 대답을 곰곰이 생각하다가 이렇게 답했다.

"미술은 자기가 하고픈 것을 고르는데, 책을 보고 골라서 준비물을 가져오라고 하세요."

미술 책에서 하고픈 것을 찾아서 해도 괜찮으니 그랬다.

우리 반 미술 수업은 이렇다. 학년 초에 아이들과 같이 책을 펴고서 1학기 계획을 다 세웠다. 그리고 그 계획표에서 하고픈 것을 스스로 골라서 준비한다. 그러니 모두가 똑같은 것을 하지는 않는다. 자기가 이번 주에 하고픈 것을 한다. 달마다 한 번씩은 모두가 함께 하는 시간도 갖는다. 보통 바깥에서 하는 자연 미술(모래, 나무, 흙, 풀, 비, 눈 같은 것으로)이 모두가 함께 하는 미술 시간이다.

오늘도 아이들이 여러 가지로 한다. '색과 빛'을 주제로 색종이와 물감으로 나타내는 아이도 있고, '만들기'로 우유곽으로 만드는 아이, '만들기 세상'으로 지점토나 찰흙으로 만드는 아이, '그림과 이야기'로 만화를 그리는 아이도 있다.

이 시간이면 늘 고민이, '주제가 같은 아이들끼리 같이 앉히려면 어떻게 하지?' 하는 생각이다. 자칫 친한 아이들끼리 함께 하고서 잘 어울리지 못하는 아이는 혼자서 하게 되니. 오늘도 몇몇이 자리를 바꾸며 괜찮냐고 묻는데 유심히 살피니 보통 때 늘 붙어 다니던 친구가 아니라 주제로 만나서 함께 하는 것 같아 흔쾌히 좋다고 했다. 내 판단은 모둠끼리

나 서로 자리를 옮겨서 수업을 하면 좋겠다 싶은데, 언제 한 번 아이들과 이야기를 나눠봐야겠다.

친한 아이들끼리 앉으면 시끄러운 건 어쩔 수 없다. 그렇지만 시끄러우면 집중하기 힘든 편이니 즐겁게 이야기하며 하되, 다른 모둠으로 소리가 넘어가지 않았으면 하는 나의 바람을 계속 말한다.

이렇게 아이들끼리 수업을 만들 때면 교사로서 가르치지 않는 것 같은 게 마음에 걸린다. 다니며 주제를 못 잡으면 도와주고, 너무 서두르면 천천히 하는 것 정도가 내가 하는 것이고 나머지는 스스로 또는 친구와 함께 만든다. 만든 작품을 나에게 가져오면 그 점수를 매긴다. 나도 매기며, 아이들에게 묻는다. 너는 몇 점인 것 같냐고. 그러면 보통 내 점수와 같게 말한다. 아직까지는. 자기들이 나보다 높은 점수를 말하면 난 높게 줄 생각이다.

모두 달라서 아름답다

오늘 만든 작품들을 보니, 참 좋다. 고무찰흙으로 아주 작은 김밥을 만들고, 지점토로 병사를 만들고, 우유곽과 색종이로 입이 벌어지는 하마도 만든다. 돌아가는 팽이도 만들고, 사진 액자도 만들었다. 앉아서 밥 먹는 영근샘도 있고, 찰흙으로 외양간도 만들었다.

내가 가르쳐도 나올 수 없는 작품들이다.

다 다른 아이들답게, 다 다른 작품들이다.

무엇보다 친구들과 즐기며 만든 작품이라 좋다.

좀 더 놀아야 해

◇◇

오늘 아침에는 아이들과 함께 책 읽는 시간에 《노동시간 줄이고 농촌을
살려라》*를 읽었다. 술술 읽힌다. 내 수준(어려운 책을 읽으면 소화가 안
되는 수준)에 딱 맞는 책이다. 보통 때 윤구병 선생님께서 막걸리 드시며
하시던 말투라 목소리를 듣고 있는 것 같다. 사실 여러 번 들었던 내용
도 있다. 윤구병 선생님은 이런 말씀을 하셨다.

"…우리 후손들에게 살길을 열어주려면 머리 쓰는 시간을 하루 세 시간
이하로 줄여야 합니다…. 자는 시간, 몸 놀리는 시간, 머리 쓰는 시간 그
런 시간들로 하루 24시간이 되잖아요? 9분의 1, 10분의 1의 시간 동안
만 머리 쓰는 데 돌려야 합니다. 하루 두 시간, 세 시간만 머리 쓰게 하고
나머지는 몸 놀리고 손발 놀리는 시간으로 돌여야 한다고 저는 생각합
니다. 저는 얼마 전부터 '아이들이 놀아야 나라가 산다'고 떠들고 다닙니
다…."

지난번 말씀을 들었을 때는 생각할 틈이 없었는데, 읽으며 여러 생각이
지나간다. 우리 반 아이들, 올해부터 중학교에 들어가고 처음으로 수학

----

* 잡지 《뿌리 깊은 나무》의 초대 편집장였으며 현재는 농부로 살며 변산공동체학교를 운영하고 있는 윤구병 님을 건국대학교 커
뮤니케이션학과 교수인 윤석춘 님이 인터뷰하여 만든 인터뷰집입니다.

학원을 간 우리 희문이, 맨날 놀면서도 더 놀고 싶다는 우리 수민이, 그리고 학교와 집에서 일하는 우리 정순 샘, 그리고 나.

오늘 우리 반 시간표를 보면 윤구병 선생님 말씀에 전혀 맞지 않다. 과학(2), 수학, 영어, 사회, 음악. 다섯 시간이 머리 쓰는 공부다. 과학은 실험을 하면 머리를 쓰는 게 아니려나.

마지막에 있는 음악 시간에는 노래만 한 시간 불렀다. 교과서 노래 세 곡을 부르고, 나머지는 우리 반 노래를 함께 불렀다. 그래도 오늘 공부한 시간에 견주면 논 시간이 턱없이 적다. 쉬는 시간에 공기놀이 하며 논 것 정도를 더 보탤 수 있지만 오늘은 머리를 참 많이 썼다.

우리 아이들은 학교를 나와서도 힘들다. 머리 쓰는 공부가 많이 기다린다. 학교에서 배운 것의 복습 정도만 해도 괜찮은데, 학원으로 가는 아이들이 많다. 공부로 힘들다는 일기를 보면 내가 다 아프다. 좀 더 줄었으면 하는 바람이다.

아이도 선생님도 놀아야 한다

어제 토론 공부를 하러 간 자리에서 만난, 참 좋아하는 후배 선생님이 일 때문에 힘들어했다. 정말 힘이 넘치는 선생님인데 많이 지쳤단다. 밥도 제대로 못 먹을 정도로 힘들단다. 보통 학교가 아닌 곳으로 갔기에 힘들 것이라 생각했지만.

지난번 환영회 때 학교 선생님들께 인사드리면서 한 선생님께 내가 탁구를 좀 친다고 했나 보다(대학 때 탁구동아리 가입해 석 달 배우다가 회비

내라는 말에 그만 뒀던 걸 우려 먹고 다닌다. 하하). 어쨌든 그런 인연으로 그 선생님이 탁구 치자고 나를 불러주셨다. 고마우시다. 20분 남짓 쳤는데 몸에서 땀이 난다. 그리고 몸이 깨어나는 느낌이다. 그러니 일기를 쓰는 지금도 몸이 아주 가뿐하다.

선생님도 이렇게 놀 수 있는 시간이 있어야 한다. 예전에는 수요일에 운동도 하고 산에도 가고 했는데 요즘은 시간이 있으면 대부분 컴퓨터 앞에 앉아 있다. 그러니 정신 노동을 풀지 못하는 게다. 그러나 선생님들은 마음껏 푹 빠져 놀 수가 없다. 안전이며 아이들 반응을 살피느라 눈치보며 놀이를 즐겨야 하니. 아무 생각 없이 놀 수 있는 시간이 있어야 한다. 내일 시간표를 보자. 내일은 체육, 실과, 도덕 시간에 놀 수 있겠다. 바깥에 나가 봄을 느끼며 놀아야겠다.

첫 문집〈학교를 가고 싶었다〉

"오늘 여러분이 어제 컴퓨터실에서 써 준 일기로 첫 문집이 나왔어요. 이걸 같이 읽어봐요."
아이들이 문집을 받는 모습이 밝다. 신기한 게다. 그리고 좋은 게다.
"자, 그런데 표지에 몇 군데 틀린 곳이 있어요. 아직 내가 지난 학년을 못 잊나 봐요."

"참사랑 13기라고 돼 있어요."

"상록초등학교도 있어요."

그렇다. 참사랑 14기로 고친다고 고쳤지만 늘 실수가 있다. 당연히 다 고친 줄 알았으니. 무엇보다도 학년과 반만 고치고 정작 학교는 고치지 않은 채 그대로 뒀다.

"미안. 여러분이 쓴 내용이 중요하니 이해해줘요. 그리고 참, 표지 제목 옆에 학부모님께 드리는 편지가 있으니 집에 가서 보여드려요."

"네."

"자, 그럼 2쪽에 소희부터 일기를 읽어볼까요?"

우리의 글이라 사랑스럽다

가끔 선생님들께 학급문집에 대해 강의할 때 드리는 말이 있다.

"문집으로 내면 꼭 그걸 읽기 시간 같은 때 읽어요. 그런데 그때는 정말 완전학습이 일어나요. 아무도 딴 짓 안 하고 모두가 문집에 푹 빠져요."

아이들이 좋아하는 까닭은 뭘까?

아이들 반응에서 그 까닭이 보인다.

자기 일기를 읽을 때 목소리가 떨리는 아이들이 있다. 자기 글이 있으니 좋은 게다.

친구의 글에 키득키득 웃는다. 모르는 남이 쓴 글이 아니라 함께 사는 친구 글이다.

글에 따라 듣는 반응이 진지하기도 장난스럽기도 하다. 내용에 푹 빠진 거다.

아이들이 읽을 때 나는 추임새를 넣는다.

"나현이가 실은 글은 원래는 나에게 비밀로 해 달라고 했던 내용이에요. 그래서 문집을 뽑기 전에 다시 물었거든요. 그런데 나현이가 실어도 괜찮다고 했죠. 저런 용기가 참 좋아요. 여러분, 우리를 믿고 드러낼 수 있다는 게 참 좋아요. 이제 우리는 나현이를 조금 더 알게 되었어요. 나현이가 눈이 조금 부으면 알러지 때문인 걸 알았잖아요. 그러니 더 걱정하는 마음이 되겠죠."

나현이는 원래는 나에게 비밀을 지켜달라고 썼던, 봄이면 눈이 붓는 고민을 올렸다.

"○○은 짓궂은 장난을 쳤는데 다음에는 그러지 않을 거죠? 여러 친구들이 재미있다고 웃는데, 일기가 재미는 있지만 참된 건 아니잖아요. ○○이는 글로 썼으니 하지 않겠지만 다른 친구들도 따라 하지 마세요. 재밌다고."

"하하하."

아는 언니와 다른 집 초인종을 누르고 도망 가는 장난에 대한 이야기, 그리고 그게 뭔지 알겠다는 아이들의 표정이 고맙다.

02

4월
생일책과
책 돌려 읽기

생일책

생일을 맞이하는 우리 아이들을 축하하는 이야기를 해 보겠습니다.

교실마다 생일잔치 하는 모습은 다 다릅니다. 그리고 마땅히 달라야 합니다. 그 반만의 빛깔을 인정해야하기 때문입니다. 우리 반 이야기를 들려드리며 여러 선생님들께 생각할 수 있는 기회를 드리고 싶습니다. '우리 반 생일잔치는 이렇게 하는데…' 하는 생각이요.

각 반마다 생일잔치를 하는 날부터 다릅니다. 많은 선생님께서는 달에 한 번 날을 잡아서 합니다. 또 어떤 선생님들은 한 주 마무리로 주마다 금요일에 그 주에 생일인 친구들을 축하합니다. 우리 반 생일잔치는 아이들이 생일을 맞은 날에 합니다. 이렇듯 다 다릅니다. 어떤 날이면 어떻습니까? 그렇게 하는 까닭이 있을 것이니 존중해야지요. 형식보다 중요한 것은 아이 생일을 축하하려는 마음일 것인데요.

우리 반은 생일 맞은 날, 노래와 생일 편지로 축하합니다. 달에 한 번 작은 학예회로 생일잔치를 하는 교실을 가끔 보는데, 정말 손이 많이 가는 일이기에 존경스런 마음까지 들곤 합니다. 수업을 모두 마칠 무렵, 생일 맞은 아이를 앞으로 불러냅니다. 잔치나 놀이, 자연체험 같이 신나는 활동은 되도록 집에 가기 전에 합니다. 아침에 했던 적도 있는데, 마음이 붕 떠 힘들었던 경험이 있습니다. 앞으로 나온 아이는 의자에 앉은 제 어깨에 손을 얹습니다. 어깨에 닿을락말락 얹고 있는 그 손이 참 많이 떨립니다. 그 느낌이 참 좋아 아이 얼굴을 돌려 쳐다봅니다. 열에 아홉은 표정이 없습니다. 긴장 그 자체입니다.

아이의 손을 얹은 채 생일 축하 노래를 부릅니다. 분위기 잡고서 부릅니다. 어깨 얹은 아이 밑에 있는 담임인 제가 노래합니다. 보통은 〈오늘 같이 좋은 날〉(유정 작사, 노영준 작곡)이라는 생일 축하곡을 부릅니다. 이 노래에 아이의 이름을 넣어서 부릅니다.

'당신이(아이 이름으로 바꿔서 부름) 태어남에 꽃이 더 아름답고, 당신이 있음에 세상 더 밝도다. 오늘 같이 좋은 날, 오늘 같이 기쁜 날, 당신의 (당신의_반 친구들이 따라서 해 줌) 생일을 (생일을) 축하합

니다.'

아이는 자기 이름을 넣어 부르니 더 쑥스러워 합니다. 가끔 어떤 아이들은 우리 반에서 아침마다 부르는 노래에서 불러달라고도 합니다. 겨울인 아이에게는 〈겨울아이〉(이종용 노래)를 불러주기도 합니다. 생일 축하하는 노래라면 어떤 노래라도 상관이 없지 싶습니다. 축하하는 마음만 가득 담았다면 어떤 노래라도 아이 마음에 와 닿지 싶습니다.

아이를 업고
교실 한 바퀴

담임 노래가 끝나면 담임은 그 아이와 함께 교실을 한 바퀴 돕니다. 돌 때는 아이의 뜻을 묻습니다. "누구야, 어떻게 돌래? 업어 줄까?" 합니다. 그러면 남학생은 업어달라는 아이가 많고, 여학생은 손잡고 돌자는 아이가 많습니다. 기억에 남는 아이로는 목에 태워

달라는 아이, 안고 돌아 달라는 아이, 가장 기억에 남는 것은 저를 업고 돌았던 6학년 아이였습니다. 그 아이

등에 업혔을 때의 기분은 정말 잊을 수 없습니다.

이렇게 아이와 돌 때 친구들은 모두가 아는 생일 노래인 〈생일 축하합니다〉를 크게 부릅니다. 그러며 생일 맞은 친구를 보며 "생일 축하해" 합니다. 물론 짓궂은 아이들은 엉덩이, 등을 때리기도 합니다.

이렇게 교실을 한 바퀴 돌고서 제자리로 돌아와서는 선물을 건넵니다. 생일책입니다. 아침부터 친구들이 쓴 축하 편지가 책 구석구석에 담긴 책입니다. 이렇게 생일 맞은 날이면 책 선물을 받습니다. 그런데 이 책에도 비밀이 있습니다. 어떤 비밀이냐면, 그 책이 3월에 자기들이 사 온 책이라는 사실입니다. 3월에 학부모들께 우리 반 생일잔치를 알리고, 책 한 권 보낼 것을 부탁드립니다. 추천하는 책도 함께 써 보냅니다.

생일 선물로 준비할 책 목록

• 《몽실 언니》 (권정생 지음/이철수 그림, 창비)
• 《꼭 같은 것보다 다 다른 것이 더 좋아》 (윤구병 지음, 보리)

- 《낫짱이 간다》 (김송이 지음/홍영우 그림, 보리)
- 《주먹만한 내 똥》 (한국글쓰기연구회 엮음, 보리)

아이들은 친구들이 쓴 편지 내용을 참 궁금해 합니다.

우리 반은 이렇게 생일을 축하하고 있습니다. 선생님들 교실은 어떤지요?

책 돌려 읽기

책으로 하는 우리 반 활동으로 '책 돌려 읽기'가 있습니다. 흔히 '독서 릴레이'라 하는데, 그것보다는 우리말인 '책 돌려 읽기'가 더 좋은 것 같아요.

'책 돌려 읽기' 하는 방법은 이러합니다. 학급 구성원 모두가 책을 하나씩 구합니다. 살 수도 있고, 집에 있는 책을 가져올 수도 있습니다. 자기 책을 정해진 기간(보통 한 주) 동안 읽습니다. 그러고서 모두가 책을 돌립니다. 보통은 다음 번호에게 책을 주고, 앞 번호에게 받습니다. 받은 책으로 또 읽습니다. 기간이 지나면 또 책을 돌립니다.

학교에서는 한 해를 보통 34주로 여깁니다. 개학하고서 학급 분위기 세우는 데 한 달이 걸리므로, 이 시간을 지나야 제대로 된 학교의 일과가 시작된다고 생각합시다. 그러면 4월부터 시작한다 치고서, '책 돌려 읽기'는 서른 남짓인 학생들과 한 해 동안 주마다 할 수 있는 활동이 됩니다. 주마다 한 권, 한 해에 우리 반 아이들 수만큼의 책을 읽을 수 있다는 계산이 나옵니다. 물론 계산만큼 다 꼼꼼하게 읽으면 좋지만 그건 욕심인 거죠. 자기들이 보기 좋은 건 잘 볼 것이고, 재미없는 건 자기 보고픈 만큼이라도 한 주 동안 보겠죠.

'책 맞이 고사'로
책 돌려 읽기 시작

'책 돌려 읽기'에 대한 이해는 다 되셨을 겁니다. 이제 우리 참사랑땀반에서 '책 돌려 읽기'를 시작하는 행사만 소개드리겠습니다. 읽고서 참고하시길 바랍니다.

책을 사거나 집에서 가져오거나, 시작하는 날(보통 금요일 오후 마지막 시간)에 책을 다 모읍니다. 그러고서 칠판 앞에 책상을 놓고서 책을 가지런히 쌓습니다. 책 앞에는 학급 학부모회에서 준비한(그게 여의치 않다면 담임이 준비한) 떡과 과일로 차렸습니다. 음식이 없으면 없는 대로 합니다. '책 맞이 고사'를 지낼 셈입니다.

가장 먼저 잔을 드립니다. 잔에 가득 따르는 것은 아이들이 마시는 우유입니다. 잔을 따르고서 아이들이 돌아가며 절을 합니다. 절을 하지 않아도 좋습니다. 종교나 믿음에 따라 절을 해도 좋고, 기도를 해도 좋고, 아무 것도 하지 않고 그냥 서 있어도 좋습니다. 절을 마치고서 따랐던 우유로 원하는 아이들은 '음복'을 합니다. 이 정도만으로도 학급 분위기는 잔치 분위기로 신이 났습니다.

이어서 고사에 준비한 글을 읽습니다. 제가 읽기도 하지만, 원하는 목소리 큰 아이가 읽을 때가 더 신납니다. 「고사문」은 아이들이 알아들을 수 있고, 재미도 있으면서 책을 읽을 때 가졌으면 하는 바람도 담았습니다. 다 읽고서는 「고사문」을 태우기도 했는데, 불이라 위험해 요즘은 태우지 않고 그냥 내려 둡니다.

(…) 처음 보는 책이라 쑥스럽고 어색해서 책도 못 보게하는 "책 못 보는 귀신"

다른 사람 다 책 읽었는데 혼자 못 읽었다고 부끄러워하는 "부끄러움 귀신"

책을 소중하게 여기지 않아 찢거나 잃어버리는 "내 책도 아닌데 귀신"

돈을 벌려고 말도 안 되는 책으로 우리 아이들 꼬드기는 "책 같지 않은 책 파는 귀신"

모두 막아 주시고 (…)

— 「고사문」 일부

마지막은 신나는 노래를 부르고 음식을 나눠 먹습니다. 노래는 지난 3월 한 달 동안 교실에서 배웠던 노래를 함께 부릅니다. 잔치 분위기가 후끈 달아올랐습니다. 상차림에 썼던 음식을 나눠 먹습니다. 그 음식이 모자랄 수 있어 조금씩 간식을 준비하라고도 합니다.

그렇게 마치며 책을 다시 나눠 줍니다. 그러면서 말합니다.

"자, 오늘 우리는 지금 가지고 있는 책을 맞이하는 잔치를 했어요. 잔치로 신나게 즐겼는데, 지금 좋은 마음으로 가지고 있는 책을 즐겁게 보면 좋겠어요. 그리고 한 해 동안 돌려가며 봐야 하니까 모든 책이 내 책이라는 생각으로 소중하게, 모두가 우리 책이라는 생각으로 조심하며 다뤘으면 해요. 그럼 한 주 동안 잘 보고, 다음 주 목요일에 책을 돌리도록 할게요."

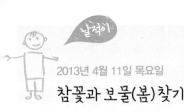

2013년 4월 11일 목요일

참꽃과 보물(봄) 찾기

어제 오늘, 우리 반이 아침 봉사를 하는 날이다. 봉사는 학교 운동장이
나 그 둘레에 버려진 쓰레기를 줍는 일을 한다.

교실에 가니 신이와 설빈이가 와 있다. 아직 온 아이들도 적고, 내가 생
각한 봉사하러 나갈 시각(8시 25분)도 되지 않아 시를 쓴다. 목요일은 '시
로 여는 아침'을 하는 날이기도 하다. 칠판에 시 한 편을 써 두면, 아이들
은 그 시를 종합장에 쓰고서 함께 맛보는 활동이다.

"선생님, 아침 봉사 안 가요?"

"잠시만, 시 써 두고 가자. 갔다 와서 바로 쓰게."

사실 이번 주 계획 세울 때 생각한 시는 김소월의 〈개아미〉라는 시다.
시에 '진달래'도 나오고, '봄'도 나와서 골랐는데, '시가 좋기는 한데, 어
른이 쓴 시잖아. 어린이시가 더 좋을 것 같은데' 하여 마음에 걸린다. '그
래. 어린이시로 고르자' 하고서는 〈참꽃〉으로 골랐다.

〈참꽃〉●

상주 청리국교 2년 박선용

봄이 오면 참꽃들이 얼굴을 내어놓고 방긋이 웃는데, 빨가수롬한 수염을 따

● 고 이오덕 선생님이 1950년대부터 1970년대까지 자신이 가르쳤던 농촌 아이들이 쓴 시를 모은 책 《일하는 아이들 : 농촌어린
이시집》에 실린 시입니다. 1판은 1978년에 나왔으며 2002년에 보리출판사에서 고침판을 출간했습니다.

가지고 싸움을 붙이면 내가 만날 진다.

(1963년 2월 14일)

"자, 우리 나가자!"

나가는 발걸음이 즐겁다. 아이들도 그렇다. 일이라기보다 아침 나들이 같다. 계단을 내려갈 때 다른 아이들이나 선생님들께 인사하는 내 목소리도 크다. 그렇게 즐겁게, 아이들과 웃으며 청소를 즐겼다. 마칠 때쯤, 진달래가 있는 곳에서 아이들을 불렀다.

"자, 오늘 아침 '시로 여는 아침'에 쓴 시를 교실에서 본 사람?"

내가 시를 쓸 때 몇몇은 그 시를 종합장에 쓰고 있었기에 물었다.

"참꽃이요."

"그래. 참꽃이었지. 여기에 있는 꽃 이름 아는 사람?"

다들 "진달래요"라고 말하는데, 동현이가 그런다.

"참꽃이요."

눈치가 있는 게다.

"그래요. 이 꽃이 진달래잖아. 그런데 시골에서는 이 꽃을 참꽃이라 부르기도 해요."

아이들이 몸을 내민다. 꽃은 학교지킴이*가 머무는 작은 건물 뒤에 숨어있고, 화단 안에 있어 몸을 내밀고 고개를 돌려야 겨우 보인다. 그만

---

* 학교 안에 자리하면서 학교폭력 예방활동, 유괴 및 납치 등 학교 주변의 유해 환경으로부터 학생을 지키는 이를 이릅니다.

큰 보물처럼 꼭꼭 숨어 있다.

"오늘 시에 보면 수염을 가지고 싸움을 했다는데 그게 암술일 거야. 꽃 모양이 어떻게 생겼고, 꽃 안에 암술과 수술이 있는데 그게 몇 개나 되는지도 보세요."

말하고 나서 '이거 암술과 수술, 너무 어렵게 말했나? 뭐라고 해야 하지?'라는 생각이 퍼뜩 든다.

"암술이 하나고, 수술은 많아요."

다행히 야무진 솔이가 벌써 헤아렸나보다.

2013년 4월 15일 월요일

노래로 나를 풀다

오늘은 월요일, 6교시가 음악 수업이다. 음악 수업에는 교과서를 잠시 보고서는 우리 반 노래를 부른다. 지금까지 부른 우리 반 노래는 모두 스물네 곡이다. 작년까지는 악보를 나눠주기도 했는데 올해는 악보를 주지 않고 있다. 악보를 인쇄해서 주는 게 좋기는 하지만 종이 낭비가 워낙 심하다. 무엇보다도 연말에 노래로 문집을 엮을 것이니 지금은 악보 없이 노래만 즐긴다. 처음 노래를 들려줄 때는 눈을 감도록 한다. 노랫말에 빠지도록.

"자, 눈 감을래요. 노래 시작할게요" 하고는 제목도 말하지 않고서 노래

한다.

나물 캐러 들에 나온 순이는 나물 캐다 말고 꽃을 땁니다
마른 잔디 속에 앉은뱅이꽃 벌써 무슨 봄이라고 꽃이 피었나
봄 오면 간다는 내 동무 순이 앉은뱅이꽃을 따며 몰래 웁니다

〈앉은뱅이꽃〉, 백창우

기타를 뜯으며 여리고 느리게 노래한다. 두 번 이어서 부른다.

"노래가 어떻니?"

"슬픈 것 같아요."

"그래. 다음 노래 들어보세요." 이번에는 신나게 부른다.

1) 선생님 우리선생님 이제 그만 야단치세요 네?
   우리들은 뭐든지 다 아는 어른이 아니잖아요
   매일 보는 얼굴이지만 할 얘기가 많은 걸요
   떠든다고 지우개처럼 이제 그만 탁탁 터세요 아야 아야
   우리들은 개구쟁이지만 마음만은 밝잖아요

2) 엄마 우리 아버지 이제 그만 야단치세요

형들처럼 언니들처럼 철이 들지 않았잖아요

많은 숙제 하다 보면 놀 시간이 없는 걸요

훌륭한 사람 되려면은 공부만 해야 하나요? 말도 안 돼.

우리들은 개구쟁이지만 튼튼하게 자랐잖아요

3) 이것도 안 돼 저것도 안 돼 안 되는 게 너무 많아요

사람들은 어른이 되면 어린 시절 까먹나 봐

우린 알아요 어른들 말씀 잘되라고 하시는 말씀

하지만 조금만 더 우리 마음 알아주시면 랄라라라

정직하고 남 도울 줄 아는 좋은 사람 될 터인데

〈우리 이야기〉, 김인보

눈을 감고 진지한 모습으로 들으면서도 얼굴이 금세 밝다.

"이 노래는 어때요?"

"신나요." "우리가 하고픈 이야기를 하고 있어요."

"마지막 노래인데 잘 들어보세요."

이번에는 3박자 리듬으로 아주 여린 기타 반주다.

풀잎새 따다가 엮었어요

예쁜 꽃송이도 넣었구요

그대 노을빛에 머리 곱게 물들면

예쁜 꽃모자 씌워주고파

냇가에 고무신 벗어놓고

흐르는 냇물에 발 담그고

언제쯤 그 애가 징검다리를

건널까 하며 가슴은 두근거렸죠

흐르는 냇물 위에 노을이 분홍빛 물들이고

어느새 구름 사이로 저녁달이 빛나고 있네

노을빛 냇물 위엔 예쁜 꽃모자 떠가는데

어느 작은 산골 소년의 슬픈 사랑 얘기

〈산골소년의 사랑 이야기〉, 예민

"이건요?"

"시골 이야기요."

"그래. 이건 어릴 때 내 모습이기도 한데, 여러분은 이런 감성을 느끼지
못하는 게 아쉽네요. 내가 다음에 이 이야기 해 줄게요."

"그 사람과 결혼했어요?"라는 질문을 지나가는 소리로 들어 "아니" 하는
대답을 놓쳤다.

노래와 내 이야기

〈앉은뱅이꽃〉을 부르면 참 진지해진다. 〈산골소년의 사랑 이야기〉 노래를 부르면서는 많이 싱긋그랬다. 내가. 왜 그런고 하니, 두 노래는 모두 내 어린 시절과 딱 맞아 떨어진다.

〈앉은뱅이꽃〉은 우리 누나 이야기다. 나에게는 누나가 둘 있다. 큰누나는 초등학교를 마치고 가사에서 나오는 순이 마냥 도시 공장으로 돈을 벌러 갔다. 작은누나는 중학교를 마치고 돈을 벌었다. 내 기억과 들은 말로, 순둥이 큰누나는 아무 반발 없이 학교를 졸업하고 일터로 갔으며, 자존심 세고, 끼리끼리 모아서 놀기 좋아하던 작은누나는 부모님과 참 많이 싸우며 반발했던 것 같다. 그렇지만 부모 뜻을 따랐다. 그리고 그 아래 형은 전문대학, 나는 교육대학교를 나왔다. 누나들이 번 돈으로 학교를 다닌 셈이다.

그때 큰누나는 일터로 가기 전에 얼마나 무서웠을까? 공장에 다니며 혼자 살며 얼마나 많이 울었을까. 그렇게 10대 시절에 일만 하던 큰누나는 21살에 세상을 등졌다. 다른 사람의 손에 세상을 등졌다. 그 사람은 아버지가 잡았다. 그 뒤 아버지, 어머니 가슴 속에는 응어리가 영원히 남았다.

큰누나가 일터로 나가기 전, 어머니가 농사일로 나가시면 큰누나는 날 업고 키웠다. 어렸던 나도 큰누나 따라 소풍을 갔던 게 기억이 난다. 큰누나는 이선희를 많이 닮았다. 그래서 내가 가장 좋아하는 가수는 이선희다.

작은누나는 얼마 전 대학에 들어갔다. 검정고시를 본다더니 대학에 들어가서 사회복지학과에 다닌다. 말하는 걸 좋아하는 작은누나는 다른 사람들 앞에서 강의를 한 번 해 보고 싶단다. 그 꿈을 이루길 빈다. 몇 사람이라도 감동을 줄 수 있는 이야기로.

이렇듯 이 노래는 내 어릴 때가 떠올라 부를 때면 늘 진지하다. 부르고 나면 마음 한 켠이 아려오면서도 참 포근하다. 그 느낌이 좋다. 이 이야기를 오늘은 들려주지 못했다. 곧 이 이야기를 들려줘야지. 사람은 누구나 아픔을 갖고 있다는 말과 함께.

반면 〈산골 소년의 사랑 이야기〉는 자꾸 웃음이 난다. 산골 소년 영근이가 자꾸 보인다. 시골 촌놈인 어린 영근이는 얼굴 하얀 여자 아이만 보면 좋았다. 초등학교 때 우리 반에 그런 여자 아이가 있었다. 아래 동네에 사는 아이. 시골 촌놈이지만 골목대장으로 자세 잡는다고 한 번도 좋아한다는 표현을 하지 않았다. 그러던 어느 날 이 아이가 전학을 간다고 했다. 도시로. 전학 가는 날, 그 아이를 논둑에서 기다렸다. 그 아이는 학교에서 우리 마을을 지나야만 갈 수 있는 마을에 살았다.

여자 아이들 웃음소리가 들린다. 너댓이 함께 온다. 난 길에서 멀찍이 떨어진 논둑으로 옮겨 앉는다. 전혀 기다리는 건 아닌 것처럼. 그렇게 말 한 마디 못하고 헤어졌다. 그렇게 순박하던 산골 소년이었던 내 모습이 노래하며 자꾸 보인다.

"하하하하하."

설빈이 생일이 내일이란다.

아침에 생일책을 돌리는데

"선생님, 어떡해요?"

"하하하하하."

내 걱정이 크다.

"괜찮아. 그 정도야."

금요일 헤어질 무렵

"선생님, 설빈이 생일해야죠."

"생일 축하합니다…" 노래한다.

"자, 업자."

"하하하하하."

"어떻게 업어요."

"괜찮아. 자, 업혀."

교실 바닥에서 바로 업는데 벌러덩.

"하하하하하."

"자, 의자에 올라가서 업자."

"하하하하하."

업고 교실 한 바퀴 돈다.

낑낑대는 모습에,

"하하하하하."

내려놓으며,

"아이고야."

"선생님, 병원 가세요."

안아주며 마친다.

축구동아리 함께 하며 땀 흘린 설빈이.

어려워하는 수학 날마다 잘 따르는 설빈이.

두 그릇을 한 그릇으로 줄인 설빈이.

'생일 축하해.'

책으로 연 하루

교실 TV에 다음 내용을 띄웠다.

— 월요일 아침 열기 —

1. 자리 바꿈

2. 바닥 쓸기

3. 글똥누기

주마다 모둠 자리가 바뀐다. 그리고 모둠 안에서 개인 자리도 주마다 바뀐다. 처음 알려준 월요일에는 허둥지둥 힘들어하더니 오늘은 빠르다. 적응하는 게다. 자리 바꾸는 건 오자마자 한다. 이어 자기 자리 바닥을 개인 빗자루로 한 번 쓱 하고 쓴다. 그러고서 생각한다. 무엇을 글똥누기에 담을 건지. 글똥누기를 쓴 아이는 나에게 가져온다. 그러고서 자기 하고픈 것을 하는데, 보통 책 읽기다. 물론 수학익힘책 같이 해야 하는 것을 다 못한 아이는 그것만으로도 바쁘다.

나도 책을 편다. 《최고의 교사는 어떻게 가르치는가》이다. 지난주에 산 책이다. 내 취미가 책 사기다. 그러고서 좋아하며 책꽂이에 꽂아두고서 안 보다가 심심할 때 보는 거다. 그래서 한두 달에 한 번은 열 권 남짓 주문을 한다.

월, 수, 목, 금요일, 이렇게 4일은 책을 읽는다. 달에 한두 번 월, 금요일에는 학교에서 하는 조회가 있어 힘들 때가 있긴 하다. 화요일은 학교 방송으로 영어 교육을 하기에. 목요일은 '시로 여는 아침'을 하는 날이니 그걸 다 한 아이들은 책을 본다.

'이제 주말 이야기 나누기 해 볼까?' 하는 생각에 책을 접으려는데 분위기가 심상치 않다. 모두가 그런 건 아니겠지만 책에 푹 빠진 모습들이다. 그 흐름을 깨뜨리고 싶지 않다. '그래. 조금 더 있다가 하자' 하고는 나도 다시 책을 본다. 또 그렇게 시간이 흘러 수업 시작 종이 친다.

"자, 우리 지금 책을 조금 더 보자" 하고서 읽기책을 꺼낸다. 오늘 1, 2교시 수업이 국어다. 읽기 책을 보며, 어떤 질문(《최고의 교사는 어떻게 가르치는가》에서 '질문'을 만들라는 말에)을 할까 살핀다.

'이거 교과서로 할 필요 없겠다. 이미 문학 감상이니 자기들 책으로 보라 하자. 교육목표로 세운 인상적인 부분만 찾도록 하자. 그럼 책도 읽고, 이번 시간 목표도 닿는 것이니.'

그러며 나도 권정생* 할아버지가 쓰신 《짱구네 고추밭 소동》으로 책을 바꿨다. 나도 인상적인 부분을 발표할 생각이었다.

큰 실수, 큰 깨달음

"자, 우리 요즘 우리 《읽기》에서 뭐 하고 있죠?"

답이 없다. 책 보고 있다가 교과서 이야기가 나오니 당연하지.

"요즘 문학을 살피잖아."

"네."

"그래. 지난주에는 시를 살폈는데 오늘은 줄글이야. 그런데 지금 여러분들이 줄글을 읽고 있잖아요. 그러니 그냥 지금 읽는 것을 그대로 읽으세요. 그리고 문학작품을 읽으며 '인상적인 부분'을 찾는 게 우리가 할 활동이니 자기가 읽는 책에서 인상적인 부분을 찾아보렴."

아이들은 이내 고개를 숙이고 다시 책을 본다.

---

* 1937년에 태어나 2007년에 세상을 떠난 한국 아동문학을 대표하는 작가이며 대표작으로는 《몽실 언니》, 《강아지똥》 등이 있습니다.

"그런데 얘들아, 지금이 5분이잖아. 25분에 지금 읽은 책에서 찾은 인상적인 부분을 이야기 나눌게. 글똥누기에 써 보렴."

이 말이 오늘 수업에서 가장 큰 실수였다. 하지 말아야 할 말이었다.

'인상적인 부분을 글로 써 보렴. 25분에 확인할게.'

이 말은 책을 편하게 감상하던 아이들 마음을 깨 버렸다. 사실 그걸 깨닫는 데 오래 걸리지 않았다. 금세 자기들이 보던 두꺼운 줄책을 들춰보더니 단편으로 바꾼다고 일어서는 아이들이 보인다. 한둘은 줄책을 그림책으로 바꾼다. 그리고 몇몇 학생은 읽기보다 쓰기 바쁘다.

'아, 내가 실수했구나. 지금이라도 그냥 편하게 보라고 할까?' 하다가 그냥 됐다. 지금 열심히 쓰는 아이들에게 믿음이 뺏긴다 싶다(지금 생각하면, 그때 그렇게 말했어야 했다). 그리고 아이들 모습도 조금 살피고 싶었다. 내 말 한 마디로 아이들 책 보는 모습이 바뀌는지도. 그나마 다행인 것은 내가 시간이 지나도 아무런 말도 하지 않으니 아이들도 다시 책에 빠지는 모습을 보였다는 게다.

30분쯤이 되자 말했다.

"자, 여러분 책 읽는 모습이 참 보기 좋았어요. 그리고 쓴 거 발표한다고 했는데, 그건 안 써도 될 것 같아. 이렇게 집중하며 읽는 것만으로도 좋은 것 같아. 쓴 사람은 내일 글똥누기 볼 때 읽어볼게요. 미안."

내 한 마디에 이렇게 바뀌는 거다. 더 잘 해야 한다. 책으로 아침을 열어 좋았고, 나 또한 큰 걸 배운 아침이었다.

아름다운 꼴등을 하면 좋겠다.

다음 주 화요일에 운동회가 있다. 오늘 아침에 일기장을 보는데, 여학생들의 반 정도가 운동회 종목인 8자 줄넘기로 힘들어하는 내용이 가득 나왔다.

'이런 8자 줄넘기를 운동회 때 왜 하는지 모르겠다.'
'줄에 맞아도 맞은 것보다 빨리 나가라고 한다.'
'속도가 너무 빨라서 힘들다.'
'발이 아프다.'

'그래. 나중에 이 이야기 조금만 할게'라고 댓글을 썼다. 어제 체육 수업에서는 수업을 마치면서, "우리 남학생은 포기야" 하는 말을 들었다. 그때 눈에 보이는 광경이 있었다. 먼저 남학생은 줄로 아이를 감고, 장난이지만 밀치고, 넘는데도 장난으로 넘으며 일부러 걸린다. 하기 싫은지 넘지 않고 자리를 옮기는 아이도 보인다. 보통 이럴 때 학급 임원이나 줄을 돌리는 아이, 또는 체육부장이 질서를 잡는데, 그런 모습이 안 보인다. 그리고 여학생 모습을 본다. 처음에는 서연이와 다현이가 돌린다. 잘 뛴다. 역시 연습 많이 한 것이 눈에 보인다. 아파하면서까지 연습한 것이 보인다. 그러다가 나현이가 줄을 잡고 돌리는데 그 속도가 정말 빠르다. 그러니 걸리고, 맞고. 그 옆에 이수민은 발목을 잡고 있다.

'아, 저거구나. 일기 내용이.'

8자 줄넘기 이야기를 남학생 한 명, 여학생 한 명과 했다. 둘이 완전히 상반되는 이야기다. 그래서 교실에서 모두에게 말했다.

"여학생들이 요즘 일기에 8자 줄넘기가 힘들다는 얘기가 많아요. 오늘 보니 그럴 것 같아요. 줄이 너무 빨라요. 그러니 다치기도 하고. 걸릴 수밖에 없는데, 걸리면 핀잔을 주기도 하고. 물론 일등 하려고 그러는 거죠. 그런데 그렇게 해서 일등 하며 뭐하겠어요. 서로 사이는 멀어지고, 8자 줄넘기는 싫은데. 그러니 운동회도 싫을 거고. 무엇보다 서로 마음에 벽이 생기는데 일등 하면 뭐하겠어요."

조금 더 여유를, 그리고 조금 더 최선을

"그래서 이런 생각을 해 봤어요. 서로 웃으며 격려하며 연습하고 꼴등을 하는 게 더 좋겠다는 생각 말이죠. 여학생은 정말 열심히 하는데 너무 열심히 해서 여러 친구들이 힘들어해요. 조금 더 여유롭게 즐기며 하길 바랄게요. 남학생은 여학생과 완전히 달라요. 여학생은 너무 열심인데, 남학생은 하려는 모습이 안 보이는 것 같아요. 너무 장난으로 하는 것 같아요. 지나친 경쟁으로 다투면서까지 할 필요는 없지만 최선은 다 해야죠. 그런데 그런 모습이 잘 보이지 않아요. 물론 열심히 하는 사람도 있죠. 그런데 그 사람들 노력만으로 될 수는 없잖아요. 조금 더 진지하게 즐기되 최선을 다 하는 모습을 바랄게요."

"아름다운 꼴등 했어요"

오늘은 우리 5학년이 6학년과 함께 하는 운동회다.

아침에 7시 30분이 조금 넘어 학교에 와서는 운동회 준비로 바쁘다. 작년에 상록초등학교에서는 지금 학교보다 큰 57학급이 하루에 한꺼번에 운동회를 했다. 그때 나는 체육부장이었지. 정말 정신없이 운동회 하는 날을 보낸 기억이다. 그런데 올해는 두 개 학년씩 나눠서 하니 부담감이 적어 좋다.

운동회를 준비하며 아이들에게 화를 내지 않으려 했다. 그리고 화를 낸 적이 없다. 운동장에서 무용 연습이나 단체경기 줄을 설 때도, 5, 6학년이 함께 두 시간 연습할 때도 화를 내지 않았다. 화를 내지 않고 보려니 화를 낼 게 보이지 않았다. 보려는 대로 보이는 것일 수도 있겠다. 물론 그렇게 보려고 욕심을 많이 내려놓았다. 무용도 잘하기보다 즐겼으면 좋겠고, 단체경기도 이기지 못하더라도 놀았으면 좋겠다는 생각을 했다.

운동회 진행을 맡았다. 이런 일은 으레 남자 선생님이 한다. 아이들 줄 세우고 진행하는 일은 전혀 부담이 되지 않는다. 내 기질에 그런 일은 재미있는 일이다. 물론 군대 ROTC 시절 수색중대에서 소대장과 부중대장 한 것도 도움이 되겠지만, 군대에서의 상황을 현재의 일상과 연결하는 건 무리인 듯싶다. 그냥 난 남들 앞에 서는 게 부담스럽기보다 재밌다. 사실 운동회를 진행하며 조금 더 즐기고 싶었지만 손님들과 여러 선생님들이 계시니 많이 참았다.

잘한다는 건 잘 즐긴다는 것

운동회 때는 운동장에 서 있는 시간이 많다. 우리 학년 진행도 해야겠지만 6학년 진행도 함께 돕는다. 함께 하니까. 그러니 우리 반에 갈 시간이 적다. 우리 학년 하기에 앞서 잠시 줄 세우는 것을 확인하고서 이동시키는 것 정도를 한다. 그래도 마음은 우리 반에 있으니 눈이 자주 간다. 잘하고들 있다. 잘한다는 것은 잘 즐기고 있다는 것이다.

문제의 8자 줄넘기다. 자기들끼리 다툼도 많았고, 회의도 많이 했다. 그러면서 마음을 다치기도 하고, 그 다친 마음을 함께 품기도 했다. 먼발치에서 어떻게 하나 살폈다.

연습을 많이 했지만, 마음이 바쁘니 걸리고, 원래 잘 못하니 또 걸린다. 결과가 연습 때보다 좋지 않다. 결과가 좋지 않으니 표정이 밝지는 않지만, 연습 때처럼 서로 탓하는 모습은 없다.

아이들이 앉은 곳으로 갔다.

"우리는 몇 개 했지?"

수가 다른 반보다 적다.

"그래? 그럼 우리가 꼴등이네"라고 하자 아이가

"네. 우리가 아름다운 꼴등이에요" 하며 웃는다.

"그래. 잘했다. 아름다운 꼴등."

이렇게 참 고운 아이들이다.

5월

함께하는 길동무,
학부모 만나기

"함께 가야 한다."

"그런데도 멀리하면 할수록 좋다."

학교에서 교사가 학부모와의 관계에 대하여 많이 듣는 말입니다. 학부모와 함께 해야 한다는 생각은 있으나, 그걸 행동으로 옮긴다는 게 쉽지는 않습니다. '내 아이 중심으로 생각하는 학부모'가 부담스럽기도 하고, 때로는 '모두가 교육전문가인 학부모'가 버겁기도 합니다. '논리 없이 앞뒤 가리지 않는 학부모'는 감당할 자신도 없습니다.

그렇지만 그런 학부모는 일부입니다. 어쩌면 극소수입니다. 더 아픈 건 삶에 쫓겨 그럴 여유도 없는 학부모도 많다는 겁니다. 많은 학부모는 학교와 담임을 믿고, 존중하고, 기대고 있습니다.

학부모와 함께 하는 작은 모습을 몇 개 소개합니다.

문자

저는 학부모님께 문자를 자주 보내는 편입니다. 많은 학교에서는 학부모님들께 보내는 문자서비스를 이용하고 있습니다. 그것으로 학부모님께 문자를 자주 드립니다. 학기 초에는 인사로 드리고, 알림장에 쓰지 못한 준비물로 알리고, 학급이나 학교 행사에 참여해 주십사하는 내용을 알립니다. 가장 손쉽게 할 수 있는 학부모와의 의사소통 방법입니다.

올해 4월 1일 만우절에는 단체 문자를 이렇게 보냈습니다.

> 제가 전국교직원통기타대회에서 기타 5대 받았어요. 선착순 2분(★4월 1일만 가능) 문자로 신청!

신청한다는 답장이 옵니다. 그 문자에 제 답장입니다.

> 일등 축하합니다. 만우절 선물이었습니다. 행복하셔요. ㅎ

이어서 제 답장에 또 답장이 옵니다.

- 선생님, 미워요. ㅠㅠ ^^

- 어머 제대로 낚시하셨네요. ㅎㅎ 재미있었어요. ㅎㅎㅎ

- ㅎㅎ 빵 터졌네요~~^^ 수고하셔요!!

- 그래도^^ 잠시 행복했습니다. 웃어서 행복하구요.

- 헐~~ 복수할꺼임^^

문자로 달라고 했는데도 전화를 주신 분이 계십니다. 전화를 받으며 많이 당황했습니다. 물론 제 말에(만우절이라서요.) 당황하셨다가는 곧 웃으셨습니다. 그러며 아이 이야기를 조금 더 나눴습니다. 형편이 어려워 기타가 필요하다기에 그 아이는 제 기타로 연습을 할 수 있도록 도와줬습니다.

물론 이렇게 짓궂은 문자만 보내는 건 아닙니다. 가끔은 우리 아이들 칭찬하는 문자도 보냅니다. 한 해에 한두 번, 우리 반 아이들 수업 태도가 좋을 때 모두에게 칭찬 문자를 수업 시간에 보내기도 합니다. 우선 아이들이 참 좋아합니다. 보통 때 서른 분에서 열 분 남짓 답장이 온다면, 칭찬 문자에는 몇 분 빼고는 답장이 다 옵니다. 그만큼 칭찬은 기분이 좋은 겝

니다. 글을 쓰며 우리 반 부모님들께 칭찬 문자를 보내봅니다.

> [보낸 문자] (아이 이름)학부모님, (아이 이름)의 3, 4월 학교생활이 좋
> 아 깜짝 칭찬 문자드립니다. **영근샘**

부모님들께서 보내주신 답장입니다.

> — 올들어 가장 즐거운 문자네요. 칭찬 문자 감사합니다. 즐거운 주말
>   되세요.
> — 와, 정말요? 아침부터 좋은 소식으로 하루를 시작하게하는 문자네요.
> — 선생님의 사랑과 칭찬에 재민이가 학교생활을 즐거워하고 있습니
>   다. 감사합니다.

카카오톡 단체 문자

요즘 전화기는 스마트폰이 거의 대부분입니다. 스마트폰으로 학
부모와 만나는 이야기도 보탭니다. 물론 스마트폰을 안 쓰시는 분
도 계시니 모두가 알아야 될 것은 문자로 보내고 있습니다. 스마트
폰으로 보내는 것은 작은 즐거움으로 하고 있습니다. 많은 분들이
카카오톡을 쓰는데, 그걸로 단체 문자를 보내곤 합니다.

작년 수학여행 때는 카카오톡 단체 문자로 여행에서 장소를 옮

길 때마다 아이들 모습을 담아 보냈더니 학부모님들이 참 좋아했습니다. 2박 3일 동안 떨어져 지내며 아이 모습이 궁금했는데 실시간으로 볼 수 있으니 좋아하신 겁니다.

가끔은 일상의 모습을 담기도 합니다. 우리 반 아이들이 공부하는 모습이나, 아이들이 예쁘게 꾸민 시를 감상하시라며 찍어 보내기도 합니다. 또는 학교에서 핀 꽃을 찍어 보내기도 하고, 우리 반 아이들이 영화 보는 모습을 보내기도 합니다.

저는 단체로 보내지만 단체로 달지 않고 개인으로 답장이 오기도 합니다. 요즘은 밴드로 학부모와 연락을 주고받는 교실도 생기고 있습니다. 기존 카페를 이용하기도 합니다. 어떤 방법이든 서로 이야기를 나누며 우리 아이들을 위한 생각을 모을 수 있어 좋습니다.

아버지 모임

"우리 아이들을 위해서 할 수 있는 게 뭐가 있을까요? 뭐든 말씀만 하세요" 하며 최근 몇 해 동안 저에게 힘을 준 분들이 계십니다.

다름 아닌 아버지들이십니다. 제가 운영하고 있는 아버지 모임에 나오시는 분들이십니다.

사실 아버지들은 낮에 학교에 올 수 있는 여건이 아닙니다. 그러니 학교 행사에 참여하기란 쉽지 않습니다. 그렇다고 우리 아이를 사랑하는 마음이나, 우리 아이의 바른 성장에 관심이 없는 것은 아닙니다. 그럴 기회가 없으니 엄마에게 그 몫을 다 돌렸던 것입니다. 그래서 우리 반에서는 아버지들이 함께 할 수 있는 모임을 만들었습니다.

아버지 모임은 학교 정식 모임은 아닙니다. 첫 모임은 제가 알리지만 그 다음부터는 스스로 연락해서 모임을 자주 갖습니다. 그냥 단순 친목 모임 성격이 강합니다. 금세 서로 형, 동생 하며 연락합니다. 정해진 날이 아니더라도 서로 연락하며 만나곤 합니다.

아버지들과 함께 하며 가능했던 게 참 많습니다. 일요일을 이용한 체육대회나 나들이, 방학에 1박 2일 놀러 가기, 학교(학급) 행사

참가, 학년을 마치고서도 함께 만나기 같은 것들이 가능했습니다. 특히, 6학년 때 아버지 모임은 제자들이 대학생이 되어도 만나고 있고, 1학년 때 만난 아버지 모임은 중학생이 되어서도 계속 이어지고 있습니다.

어떻게 이게 가능할까요? 그 까닭은 제가 남자라 가능한 부분이기도 합니다(그래서 여자 선생님이시라면, 학교에서 학부모 만남을 알차게 꾸리시길 권합니다). 첫 만남을 밤에 합니다. 밥을 함께 먹으며 함께 어른들의 음료도 한 잔 합니다. 그렇게 첫 만남에서 회장도 정하고, 연락처도 주고받습니다. 그러면 그 다음부터 만남은 거꾸로 아버지들이 저에게 연락해 옵니다. 언제 만나니 참석해 달라고.

저는 위의 우리 반에서 하는 활동들을 해보라 권할 수는 있지만 꼭 해야 한다고 말하지 못합니다. 단지, 이렇게 만남을 가질 수 있음을 보여드리며 이 글을 보시는 분들의 상상의 폭을 넓혀드릴 수 있길 바랍니다. 상상하면 현실에 더 가까워지니까요.

2013년 5월 3일 금요일

어린이날 축하해요

일요일이 5월 5일 어린이날이다. 어제 저녁에 정순샘(아내)과 어린이날 선물을 계속 고민했다. 우리 집 희문이와 수민이에게 줄 선물이 아니라, 서로가 맡고 있는 반 아이들에게 무엇을 줄 것인지 고민했다. 그 결과 다음에 나오는 것들이 오늘 아이들에게 내가 준 것들이다.

노래

아침에 학교에서 하는 어린이날 행사(상 주는 데 더 많은 시간을 보내 아쉽지만)로 첫 시간 여는 시각이 조금 늦었다.

"우리 노래 부르고 시작할까?" 하고 이번 주 노래를 부른다. 다 마쳤지만 그래도 멈추고 싶지 않다. 더 부르고 싶다.

"오늘 어린이날인데 조금 더 부르는 거 어떻니?"

"네. 좋아요."

당연하지. 노래 부르며 논다는데. 수학 시간에.

"자, 그럼 무작위로 뽑아서 그 친구가 원하는 노래를 부르자."

그렇게 첫 시간을 노래로 마쳤다.

문집

이번 문집 편집을 거의 마쳤다. 앞 표지에 들어갈 하나만 비었다. 그 자리에는 '어린이날, 참사랑땀 어린이들 바람'을 채우기로 했다. 넷째 시간에 있는 어린이회의(참사랑회의) 때 종이를 나눠줬다.

"이것만 하고서 회의하도록 해요. 나눠 주는 종이에 여러분의 바람을 하나만 써 주세요. 개인이 갖고 싶은 것도 좋고, 세상에 있으면 좋겠다는 것도 괜찮아요. 그런 것을 마음껏 써 주세요."

노래를 배경으로 깔았다. 〈아이들이 가는 곳은 언제나 꽃 피는 봄이라네〉(권정생 시, 백창우 작곡, 방기순·제제·굴렁쇠아이들 노래)가 흘러나온다. 아이들 모습이 여럿이다. 빨리 쓰고 책 보는 아이, 어려운지 무엇을 쓸지 고민하는 아이, 옆에 아이가 쓰는 것을 보며 도움을 받으려는 아이.

- 제발 학원을 끊고 싶다.
- 이 세상에서 전쟁 따위가 없어지고 계속 평화로웠으면 좋겠다.
- 남과 북이 통일하는 것이다. 요즘 남과 북이 싸우려고 해 내가 바라는 것은 통일이다.
- 안 싸우고 평화로우면 좋겠다. 그럼 지금처럼 미사일 날아온다고 두려워할 필요도 없고 친구나 가족끼리 어색해지지 않으니까.
- 내가 그동안 하지 못하였던 것(친구들과 놀기)을 어린이날에 마음껏 하고 싶다.
- 나는 보고 싶은 사람이 있다. 꼭 보고 싶은 사람이 있다. 그런데 그

건 비밀이다.

- 자신감이 생겨서 친구들에게 제가 말하고 싶은 말을 하고 싶다.
- 이 세상에서 있는 단원평가조차도 시험이 없어지는 것이다.
- 어린이를 존중해 주면 좋겠어요.
- 모든 사람이 행복하게 살 수 있으면 좋겠다.
- 새 컴퓨터, 기타, 게임기, 노트북, 문화상품권, 큰 집, 핸드폰, 바둑 단증, 천국 가는 것, 강아지

채현이가 문집 복사를 돕는다. 그리고 점심시간에 여러 여학생이 호치키스로 찍는다. 그렇게 문집이 만들어졌다. 문집을 나누며 아이들에게 한 말이다.

"자, 이게 여러분에게 주는 어린이날 선물이야."

《개똥이네 놀이터》 나누기

우리 반은 《개똥이네 놀이터》 편집위원이다. 그래서 출판사에서 책이 온다. 그걸 나눠서 읽으며 평한다.

"자, 이번에 온 책을 어린이날 선물로 하자. 〈개똥이네 놀이터〉 열 권, 〈개똥이네 집〉 열 권, 그리고 부록 열 개. 무작위로 뽑을 테니 원하는 거 가져 가세요" 하며 플래시 프로그램을 돌린다. 아이들이 조마조마하며 기다린다. 그리고 먼저 당첨된 모두가 〈개똥이네 놀이터〉를 먼저 가져

간다. 집과 부록은 조금 엇갈린다.

"자, 내가 지금 가진 것을 다른 사람과 견주면 아쉬울 수 있어요. 그럴 때
그 아쉬움을 없애는 쉬운 방법이 있어요. '와' 하며 손뼉을 치면 돼요."

어린이날 사진 찍기

마지막 시간에는 20분을 남기고 교실을 나가기로 했다.

"자, 우리 반은 어린이날 선물로 영근샘과 여러분이 사진을 찍어요. 자,
선배들이 나랑 찍은 모습 보여줄게요(사진을 보여주니 여러 가지 반응이 나
온다). 우리도 지금 나가서 한 사람씩 사진을 찍을게요. 공원으로 가요."

공원에는 이미 사람들이 있었다. 장소를 한 곳으로 하기에는 집중이 될
것 같지 않다.

"자, 모둠에서 원하는 곳에 서 있으세요. 내가 다니며 찍을게요. 한 사람
씩 돌아가며 찍을 거예요."

그렇게 여섯 곳을 다니며 사진을 찍었다. 예년보다 아이들이 기겁하며 도
망가지 않는다. 조금 더 살갑게 만남이 이어진 것 같다. 내 생각으로는.

부모님을 위한 효도책 만들기

오늘은 집에서 나오면서 커피와 현미녹차 각각을 작은 상자 두 통씩 챙

겼다. 그리고 아침 활동 시간에 학년 연구실에서 양식지와 쿠폰 두 종류를 아이들 수만큼 복사했다.

오후에는 재난대피훈련이 있어서 그 시간에 있던 미술을 앞으로 당겨 1, 2교시에 하기로 한다.

"내일이 무슨 날이죠?"

"어버이날이요."

"그래서 오늘은 부모님께 드릴 효도책을 만들게요. 자, 여기 색상 도화지를 한 장씩 받아요. 그리고 요렇게 접어요."

창문접기로 네 번을 접는다. 그러고서 복사한 양식지를 보인다.

"여기에는 칸이 셋 있어요. 이 셋을 가위로 오려요. 그리고 그걸 색상 도화지에 붙일 거구요. 붙이고서는 위를 접어서 풀로 붙여요. 자, 여기까지 하도록 할게요."

아이들 손이 바쁘다. 어느 정도 된 것 같다. 다시 아이들 눈을 모은다.

"여기 한 곳은 부모님이나 할아버지 할머니께 상을 드리는 곳이고, 다른 한 곳은 안이 비었어요. 그곳에는 카네이션을 그리거나 예쁘게 꾸미면 될 것 같아요. 마음껏 해 보세요. 그리고 다른 한 장은 줄이 있어요. 여기에는 부모님께 편지를 쓰는 곳이랍니다."

사실 아이들은 부모님께 편지 쓰는 걸 어려워한다.

"자, 어버이날마다 받는 편지가 있어요. 이런 편지죠. '어머니, 아버지 절 낳아주고, 키워주셔서 고맙습니다. 앞으로 말 잘 듣는 아들(딸)이 될게요' 하는 편지요. 그런데 이런 편지를 받으면 내용이 눈에 잘 들어오지 않아요. 맛이 없어요. 그냥 넘기게 되죠. 왜 그런고하니 그 속에 글쓴 아들(딸) 모습이 잘 보이지 않아 그래요. 우리는 이렇게 써 봐요. 여러분이 부모님과 싸웠던 일, 혼났던 일, 아팠던 일들을 떠올려 보세요. 그리고 그때 모습을 자세하게 편지에 담아 보세요."

이 말로 내 설명은 끝. 이제 아이들은 만든다고 바쁘다.

참사랑땀출판사에서 나온 효도책 완성

"이제 앞 표지를 예쁘게 만드세요. 효도책으로 해도 좋고, 다른 이름도 좋아요. 만든 사람 이름도 쓰고, 출판사는 뭘로 할까? ("참사랑땀이요.") 그래요. 참사랑땀출판사도 쓰고, 가격도 매겨보세요. 오늘만 공짜도 괜찮죠."

바코드도 찍는 아이들이다.

"자, 다 된 사람은 이 종이 한 장 가져가 오리세요. 뒤에 붙일 쿠폰이에요."

기대하는 아이도 있고 한숨을 내쉬는 아이도 있다. 그러면서도 숙제마냥 막무가내로 싫은 건 아니다. 우선 귀찮다는 반응이지만 금세 가져가서는 신나게 오린다. 오린 열두 장의 쿠폰을 효도책에 호치키스로 찍는다.

"쿠폰 사용 설명서도 쓰세요. 쿠폰 기한도 쓰고요."

마지막은 아침에 내가 챙겨 온 커피와 녹차로 마무리를 짓는다.

"자, 마지막은 내 선물이에요. 다 된 사람은 가져오세요."

아침에 챙겨온 커피와 녹차를 두 개씩 호치키스로 찍어 묶는다. 그걸 아이들에게 하나씩 준다.

"이걸 가져가서 여러분이 부모님께 타 드리세요."

이렇게 우리 반 효도책 완성.

배움의 고마움과 나눔의 즐거움, 스승의 날 준비하기

내일이 스승의 날이다. 늘 그렇지만 스승의 날은 부담스럽다.

'내가 스승인가?'

스승의 뜻을 찾아본다. [자기를 가르쳐 이끌어 주는 사람]이다.

아이들에게 제대로 된 삶을 가르쳐주고(보여주고), 제대로 이끌어 주는 사람으로 서야 한다. 지금 14기 아이들에게 아직 난 그런 사람이 아니다. 지난 제자들에게는? 그것도 아직 아닌 것 같다. 그래서 전화 오고, 찾아오는 그 아이들이 더없이 고맙다. 연락하지 않는 아이들이 어쩜 당연한지도 모른다. 여전히 난 많이 서툰 선생이고, 스승이라는 소리를 듣기에는 아직 멀었다.

'이틀 뒤 스승의 날이네요. 아주 당연하지만 저에게 줄 뭔가를 준비하시지는 않겠죠? 선물, 꽃 모두 안돼요. 안돼. 하하. 작년 선생님 찾아 인사 드리는 소중한 시간으로 삼길 빕니다. 오늘도 행복하세요'라고 부모님들께 문자를 드렸다.

'아직 스승 되려면 멀었다'

학생들은 그래도 가르침의 고마움을 느낄 수 있어야 한다. 그래서 칠판
에 쓴 '영근 샘 편지'도 이렇게 썼다.

'내일은 스승의 날, 지난 선생님께 정성 담아 인사 드려요.'

마침 5, 6교시는 미술 시간이었다.

"오늘 미술 시간에는 지난 선생님께 편지 쓰는 시간을 가질게요. 눈을
감고 지금까지 가르쳐주신 선생님을 떠올려보세요. 되도록 우리 학교에
있는 분이면 더 좋겠어요. 그리고 그 분들을 떠올려 보세요. 떠올린 사
람은 여기에서 종이를 한 장씩 가져가세요."

편지지도 아니다. 그냥 빈 종이다. 아이들은 그 빈 종이를 한 시간 동안
쓰고 꾸민다. 아이들에게는 정성이 가장 필요하다고 몇 번을 말했다.

난 뒤에 앉아서 책을 읽는다. 아침부터 코감기로 힘들었더니 책을 읽는
데 졸음이 온다. 이러니 무슨 스승인가, 하하.

수업 시간이 끝나고 쉬는 시간 종이 울린다.

"자, 선생님들께 가져다 드리세요. 내일은 많은 학생들이 찾아오니 바쁘
실 거예요. 지금 가져다 드리세요. 그리고 드릴 때는 정성껏 드리세요."

아이들이 바쁘게 움직인다. 그 표정이 기대감 반, 행복 반이다. 사랑은
받는 것이 아니라, 나눌 때 더 행복함을 느끼게 한다. 다녀와서는 꼭 한
마디씩 한다. 선생님이 오늘 일찍 나가셨다며 아쉬워하기도 한다. 그러

면 어떠랴, 내일 드리면 되지.

"남은 한 시간은 모둠에서 전담 선생님들께 드릴 것을 만들게요. 도화지를 한 장씩 줄게요. 모둠에 두 장인데요. 마음을 담아 꾸미고 편지도 써 보세요. 우리를 가르쳐주시는 분이 영어, 과학, 체육 선생님이시니 나눠 볼게요."

두 모둠씩 나눠 한 시간 동안 꾸민다. 시간이 조금 모자라 수업을 마치고서 마저 꾸몄다. 얼굴 모습을 그리기도 하고, 돌아가며 편지도 썼다. 체육을 조금 덜 힘들게 해 달라는 바람을 쓰기도 했다. 그것을 받아 칠판에 붙인다. 내일 아침에 가져다 드려야겠다.

어제는 MBN에서, 오늘은 안양방송에서 스승의 날과 관련해 촬영을 하고 싶단다. 정중하게 사양했다. 스승의 날로 나가는 방송이 부담스럽다. 그냥 사는 모습을 담는 것이야 괜찮지만.

올해를 지나, 지금 사는 우리 아이들은 내년 또는 그 훗날 나를 스승으로 생각할까? 날 떠올리면 어떤 모습이 그려질까? 스승으로 떠올리지 않더라도 나쁘지 않은 모습이면 좋겠다.

내일도 보통 때처럼 잘 살자. 아니 조금 더 잘 살자. 하루하루 더 나은 삶을 살아야지.

오늘은 보통 날보다 좀 더 잘 살아야지

아침부터 내가 하는 에스엔에스(SNS)에 스승의 날 이야기가 가득하다. 인사말에, '마음이 개운하지 않다'는 말도 있다. 제자들에게 받은 문자나 편지로 자축하는 선생님도 계시다. 이렇듯 오늘은 우리 선생님들 마음을 흔드는 날이다.

학교에 도착해 아이들과 인사를 나눴다.

"어제 같이 만든 친구들이 왔으면 가져다 드리러 출발하자."

어제 전담 선생님들 드릴 편지를 도화지에 꾸며 칠판에 붙여뒀다. 아침에 아이들이 그 정성을 들고 전담 선생님들을 찾아 나간다. 얼굴 가득 기대감이다. 다녀와서 쓴 글도 그 이야기가 많다.

> 5월 15일 수요일, 오늘 아침 영어 선생님께 어제 만든 걸 드렸더니,
> "오, 고마워" 하셨다. 다행이다. (안소희)

아이들이 바쁘게 움직이는 사이 나도 고마운 인사를 문자로 드린다. 놈팽이에서 벗어나 선생 일 시작했을 때 따르고 싶었던 정우 선배, 글쓰기회 선배님이신 김익승, 이주영, 김종만, 이성인, 박종호 선생님께 인사를 드렸다. 토론 공부하는 선생님들께도 인사를 전했다. 초등학교 6학년 담임 선생님은 연락처가 없다. 박선이 선생님께는 인사를 드려야 하는데.

스승의 날이지만 보통 때와 똑같은 하루를 산다. 나도 아이들도. 내 마음가짐만 조금 새롭다. '내가 이 아이들에게 스승이 되려면 조금 더 잘 살아야 해'라는 생각이 자꾸 든다.

수학 시간에는 배움짝으로 아이들 스스로 배움을 나눈다. 언제 봐도 참 감동이다.

점심시간에는 아이들의 바람대로 운동장에 나간다. 나들이다. 4월 말에 추워서 며칠 빼 먹었는데, 요즘은 날씨가 좋으니 맨날 나간다. 오늘도 학교를 한 바퀴 도는데, 햇살이 더 없이 좋다. 운동장 가운데는 남학생들이 축구로 뜀박질을 한다. 둘레에는 어린 학생들이 놀이기구를 타거나 모래에서 논다. 다 다른 놀이다. 모두가 제 마음껏 놀고 있다. 우리는 등나무에 핀 꽃을 보며 놀라고서 학교 텃밭을 살피고 공원에 갔다 왔다.

마지막 시간, 음악이다. 아이들과 노래를 부른다. 이번 주 노래는 〈선생님, 우리 선생님〉과 〈우리가 나중에 선생님이 되면은〉, 그리고 〈바위섬〉과 〈나의 노래〉다.

〈선생님, 우리 선생님〉(백창우 시, 굴렁쇠아이들 노래)

스승의 날이 있는 주라서 고른 노래다. 아이들에게 노래 부르며 웃음이 난다. 쑥스럽다. 그렇지만 노래한다. 그러며 마음으로 다진다.

언제나 우리들의 이름을 하나하나 불러주시고

시험 점수가 나쁠 때도 때리지 않으시고

아주 작은 약속도 꼭 지키시는 우리 선생님

가끔은 우리랑 같이 유리창도 닦으시고

가끔은 우리들처럼 지각도 하시고

가끔은 우리들처럼 장난도 잘 치시는

노래만 불러도 내가 어떻게 살 것인지 아이들에게 다짐하는 기분이다.

〈우리가 나중에 선생님이 되면은〉(도종환 시)

스승의 날 두 번째 노래다. 아이들에게 이 노래를 부르면 아이들이 잘
들어준다. 고맙다. 그냥 스승의 날이라 내 마음을 다지는 노래다. 다른
뜻 없다.

〈바위섬〉(배창희 작사 · 작곡, 김원중 노래)

〈바위섬〉이란 노래는 광주민주화운동을 상징한다는 말도 있고 아니라
는 말도 있지만 그런 것과는 상관없이 나는 5월 18일 광주민주화기념일
이면 이 노래를 부른다. 이번 주에 그날이 있어 아이들에게 불러준다.
나에게는 그날을 떠올리게 하는 노래다.

〈나의 노래〉(한동헌 작사 · 작곡, 김광석 노래)

우리 반 아이들은 시와 노래가 늘 함께 한다. 기타 동아리가 올해는 18
명이다. 2/3 정도가 기타 동아리를 하는 셈이다. 아침마다 노래를 듣고
따라 한다. 수업을 마치고는 기타 연습하며 노래한다. 그래서 〈나의 노
래〉를 아이들도 좋아한다. 칼립소 주법 연습곡이기도 하다.

나의 노래는 나의 힘
나의 노래는 나의 삶

맞는 말이다. 나에게도 노래는 참 소중하다.

〈우리가 나중에 선생님이 되면은〉을 부르는데 아이들이 따라 부른다.
그것도 아주 조용히 부른다. 이 노래를 오랜만에 부르는 월요일에는 몇
번을 틀리고 했는데, 오늘은 나도 안 틀리고 마음 가득 부른다. 노래를
부르는 사람의 마음이 듣는 사람에게 그대로 전해지는 것을 느낀다.
"오늘은 10분만 일찍 음악 마칠게요. 자, 알림장을 내고, 비닐 파일을 내
어 보세요. 이거 한 장씩 받을게요. 영근샘이 쓴 편지랍니다. 스승의 날
선물이지요."
"선물은 우리가 줘야 하는데."
솔이 말이 고맙다.

"자, 그 편지 내용 내가 한 번 읽어볼까요?"라고 하고 읽는데, 쑥스럽다.
그래서 빨랑 읽었다.

"오늘 봉숭아 씨앗을 줄게요. 잘 심어서 키워 보세요. 조금 전에 나눠준
편지를 봉투처럼 만들어 볼래요? 내가 몇 알씩 줄게요."

아이 한 명씩 씨앗을 4~6알씩 나눠줬다.

"여러분이 키우는 모습을 사진으로 찍어서 메시지나 학급누리집에서 보
여주면 좋겠어요. 그럼 참 행복할 것 같아요. 그럴 수 있죠?"

"네."

"보통 2/3, 스무 명 정도가 키웠는데 올해 여러분은 어떨지 궁금해. 키
워볼 사람?"

"저요."

모두가 손을 든다. 고맙다. 잘 자란 봉숭아는 여름방학에 아이들의 손톱
을 물들이게 되리라.

2013년 5월 24일 금요일
준환이 병문안을 못 가다

준환이가 자전거를 타다가 다쳤는데 다 낫는데 생각보다 긴 시간이 걸
린단다.

처음에는 병원에서 입원하라 했다고 한다. 지금은 집에 있으면서 통근치

료를 한다. 자전거에서 넘어지며 손잡이가 몸을 쳐 근육을 크게 다쳤다.

오늘 오후에 병문안을 집으로 가려고 했다. 아이들과 같이 갈까도 했지만 여럿이 갈 수 없는 처지다. 움직이지 않으면서 시간을 보내며 완쾌를 기다려야 하기에 누가 가는 게 도움을 주지 못하기 때문이다.

고양시까지 간 출장을 마치고 오는데, 차가 많이 밀린다. 그래서 시간이 늦었다. 늦은 시간이 미안해, 못 가고 말았다.

그런데 지나고 보니 늦었어도 갈 걸 하는 미안함이 든다.

토요일 오전 학교 근무 마치고 갈까 했더니 서울로 외래 진료라고 한다. 그래서 부득이 월요일에 잠시 찾아가서 얼굴을 봐야겠다.

준환이 병문안

◇◇◇

"광탁아, 우리 같이 준환이 병문안 가자."

"네? 언제요?"

"5시에 가자."

"네."

주말에 아까시 파마*를 한 광탁이(이게 선물?)와 병문안을 갔다. 수요일

----

* 아까시 파마. 아까시 잎을 뗀 줄기로 머리를 말아서 마치 파마를 한 것처럼 머리를 말려 올라가게 만드는 것입니다.

부터 수학여행인데 못 가니 얼마나 속상할까. 비가 오는 학교를 나와 광탁이와 함께 준환이 집을 찾는다.

"뭐 사 갈까? 먹고 싶은 것 말해."

"음, 선생님이 비벼주는 비빔밥이 먹고 싶은데 그건 급식이니 안 될 테고, 그냥 오세요."

그 말에 크게 한 번 웃는다. 점심에 급식으로 비빔밥이 나오면 함께 비벼서 먹는데 그걸 먹고 싶다니. 하하 고녀석 나를 배려해서 말하네.

교실에 있던 책을 세 권 들었다. 선물이다.

'싫어하려나….'(좋아했다)

함께 올라가니 준환이 어머니께서 반기신다. 아프고서 계속 어머니와 문자와 전화로 학교 문제와 준환이 몸 상태를 주고받아서 그런지 서로 반갑게 인사 나눈다. 준환이는 제 방에 누워있다.

준환이는 5학년 남학생에서 덩치가 큰 편이다. 그런데 조금만 수줍거나 혼이 나면 얼굴에 볼만 빨개진다. 뽀얀 얼굴에 볼만 빨개지니 참 예쁘다. 머리도 주황색으로 염색해 처음 만났을 때는 여학생인 줄 알았다. 그런데 우리 반 체육부장을 맡을만큼 운동을 좋아하고 잘한다. 아, 기타를 참 잘 친다. 지난 번 '권정생 문학의 밤'에서도 두 곡은 혼자서 반주했을 정도다. 준환이의 또다른 좋은 점은 잘 웃는다는 점이다. 소리 없이 잘 웃는다.

"어유, 짜식. 그래. 어떻니?" 장난치며 묻는다. 준환이가 빨간 볼에 소리 없이 웃는다. "네. 괜찮아요. 그런데 아직도 아파서 잘 못 걸어요."

의연하게 말하는 모습이 안타깝고 함께 쓰리다.

"어머니 말 잘 듣고 계속 있어."

"네."

근육이 크게 다친 것이라 다른 약이 없다. 나도 공 차면서 근육 파열은 잘 알게 됐지.

어머님이 먹을 것을 가져오셨는데 광탁이와 준환이와 내가 다 먹어치운다. 셋이 신나게 웃으며 먹는다. 어머니가 주신 모과차가 쓰다는 내 말에 웃고, 준환이 먹을 빵을 광탁이가 먹으려다 혼나서 웃고, "와 맛있다" 하는 감탄사에 서로 웃는다. 이렇게 만나는 게 즐겁고 힘이 되는갑다.

거실에 있던 기타를 들고 왔다.

"자, 빨리 나으라고 노래 한 곡 해 줄게."

혼자서 한 곡 한다. 〈아이들이 가는 곳은 언제나 꽃피는 봄이라네〉 지난 번 공연에 했던 곡이라 준환이도 잘 안다. 준환이 연습 때 들으셨는지 어머니도 흥얼거리시며 따라하신다. 나도 정성껏 노래한다. 노래 중간중간 준환이를 본다. 빨리 나으라는 마음으로 본다. 빨간 볼에 웃으며 눈을 떼지 않는다.

"광탁아, 너도 한 곡 하자. 뭐할래?"

광탁이가 고른 곡은 〈구만이〉다. 역시나 권정생, 백창우의 노래다. 요즘 우리 반에서 가장 인기가 많은 곡이다. 광탁이가 시작한 노래, 나와 어머니가 함께 부른다. 신나게 부른다.

"우리 갈게. 빨리 나아. 뽀뽀해 줄까?"

"(웃으며)아니요."

"고맙습니다. 저희들 갈게요."

"고맙습니다. 이렇게 와주셔서. 광탁아, 고마워."

밖에는 여전히 비가 온다.

> 궂은 날씨에도 이런 제자 병문안 와 주신 선생님께 머리 숙여 진심으
> 로 감사드립니다.

준환 어머님이 문자를 주셨다. 답장을 드렸다.

> 너무 늦게, 너무 일찍, 가고 나와 미안합니다.

04

6월
비와 물과 놀기

2013년 5월 27일   날씨 : 비 뚝뚝 흐림

제목 : 비가 왔다.

오늘은 비가 왔다. 학교에 가는데 비가 왔다. 양말도 젖고 가방도 축축

했는데 찝찝했다.

그래도 나는 꾹 참고 학교를 갔다. 나는 비가 싫다. 그래서 나는 비가

안 오길 바란다.

(정현진)

비가 싫다는 일기 아래에, 저는 꼭 이렇게 댓글을 답니다.

난 비 참 좋아하는데.

많은 우리 아이들이 비를 싫어합니다.

물론 산성비이니 좋지 않습니다. 그럼 비를 맞지 않으면 됩니다. 비를 싫어할 까닭까지는 없습니다. 땅이 비에 젖어야 논밭의 곡식이며 산들의 풀과 나무가 자랍니다. 비가 내려야, 공기에 있는 먼지도 깨끗하게 닦아줍니다.

'우리 아이들이 비를 좋아할 수는 없을까?' 궁리했습니다. 그러며 비 오는 날이면, 비가 온 다음 날이면 아이들과 바깥에 나가기 시작했습니다. 처음에는 무엇을 할 수 있을지 모르고서 나갔습니다. 그냥 나갔습니다. 나가길 잘했습니다. 제 혼자 머리로는 생각할 수 없었던 놀이를 아이들은 몸으로 보여줍니다. 그 놀이 몇 가지를 소개합니다.

빗소리 듣기

비가 옵니다. 우산을 갖고 나갑니다. 비를 맞는 게 싫은 아이들도 우산을 갖고 나가니 별 불만이 없습니다. 나가서는 우산 쓰고서 학교 둘레를 한 바퀴 돕니다. 운동장을 한 바퀴 돕니다. 그렇게 걷다가 조용한 곳(학교 건물과 조금 떨어진 곳이나 학교 건물 뒤)에서 잠시 발걸음을 멈춥니다.

"자, 애들아. 눈을 감고 우산에 떨어지는 빗소리를 들어보렴."

제각각 빛깔의 우산 아래에 아이들이 한 모습으로 눈을 감습니다. 눈을 감은 모습은 같지만 우리 아이들 귀에 들리는 빗소리는 다 다릅니다.

빗소리를 우산에서만 들을 수 있는 게 아닙니다. 교실에서 바깥에 내리는 빗소리도 들을 수 있습니다. 불을 끄고서 눈을 감으면 훨씬 더 잘 들립니다. 운동장 학생들 앉는 곳에 지붕이 있다면 지붕에 떨어지는 소리도 좋습니다. 비가 굵게 오는 날이면 더 흥미롭습니다. 그런 곳에서 이야기나 책을 읽어주면 그 기억에 오래 가지 않을까요? 나뭇잎에 떨어지는 빗소리도, 연못에 떨어지는 빗소리도 있습니다.

둘레 살피기

또 비가 옵니다. 오늘도 우산을 갖고서 나갑니다. 아, 나가기 전에 오늘 할 일(미션)을 알려줍니다. "오늘은 학교 둘레를 돌며, 이것저것 눈으로 살폈으면 해"라고 말합니다. 그러고서 나가 함께 걸으며 둘레를 살핍니다. 아이들은 아직 둘레를 살피는 경험이 없기에 함께 다니며, 앞에서 도움말을 줍니다. "어, 여기 봐. 지렁이가

나왔네" 하고서 화단 밖으로 나온 지렁이를 넣어줍니다. "여기 연못에 비가 떨어지는 모양을 한 번 살펴 봐" 합니다. 그런데 이렇게 둘레를 살피는 제 말이 뒤에 있는 아이들에게까지는 잘 들리지 않습니다. 어쩜 뒤에 있는 아이들은 제 말에 관심이 없을 수도 있습니다. 그냥 옆에 있는 친구랑 이런저런 이야기가 더 좋을 겁니다. 그래서 너무 욕심 내지 않고 그냥 걷습니다. '그래. 우산 쓰고서 친구랑 이야기할 시간도 없는 아이들인데' 하는 마음입니다.

이런 경험을 몇 번 하고서는 한 발 더 내딛습니다. "자, 이번에는 나가서 나무나 풀에 달려 있는 빗방울 보렴" 하고 하나를 정해줍니다. 그걸 '보물찾기'로 이름 붙여서 하면 놀이로 생각하며 더 좋아하기도 합니다. 물에 담긴 돌 찾기, 흙에 새겨진 신발 무늬 찾기, 비 오는 날 살아 있는 목숨 찾기 같이 살필 게 참 많습니다. 이렇게만 해도 몇 번을 더 나갈 수 있습니다.

지금까지 듣고 보았으니 이제는 비를 몸으로 느껴보려 합니다.

"오늘도 비가 오니 나가야죠. 오늘은 나가서 손등에 비를 맞아 볼게요. 손에 비가 떨어지는 느낌이 궁금하잖아요.

그리고 손에 떨어진 빗방울이 변한 모습도 잘 보세요."

이렇게 비를 맞는 아이들 모습을 보면, 우산을 젖히고 얼굴 가득 비를 맞는 아이들이 보입니다. 그 모습은 정말이지 한 해 동안 볼 아이들 모습에서도 제일 예쁜 모습이지 싶습니다. 한 아이의 모습에 다른 아이들도 신이 나, 궁금해서 우산을 젖힙니다. 어떤 아이는 입까지 쫙 벌립니다. 입에 떨어지는 빗방울이 몇 방울이나 되겠습니까마는. 눈이 오면 눈을 먹으러 입 벌리는 건 당연했는데, 이렇게 비를 먹으려는 모습을 보니 낯설면서도 눈 먹을 때 아이들 모습보다 훨씬 감흥이 훨씬 더 큽니다.

손등에 맞을 때와 손바닥에 맞을 때, 아이들이 보인 얼굴에 맞을 때 느낌이 다 다릅니다. 여름이 다가 왔으니 반팔, 반바지 입은 아이들이 많습니다. 팔에도 맞아 봅니다. 신발이 젖지 않게 다리에도 맞아 봅니다. 가끔은 옷에도 맞아 봅니다. 옷에 맞은 비 모습도 참 곱습니다.

"애들아, 여기에 모여 봐" 하고서 아이들을 모읍니다. 그리고 "여기는 나무 밑이라 비가 안 맞아. 그러니 우산을 옆으로 내려 보렴" 합니다. 아이들은 비가 덜 내리는 것을 확인하고서 우산을 내립니다. 그때 맞춰 나무 둥치를 발로 찹니다. 그러면 나무에서 '후두둑' 하고 물방울이 쏟아집니다. "아악!" 하며 화가 나 웃으며 나를 쫓아 뛰어옵니다.

맨발로 다니기

"선생님, 오늘은 언제 나가요?"

이제 아이들이 비가 오니 익숙해하며 나가자고 합니다. 저도 덩달아 기분이 좋습니다.

"그래. 지난번에 비가 오면 준비하라고 한 게 있었는데 그게 뭔지 아니?"

"아, 수건이요. 저 가져왔어요."

"그래. 만일 수건 안 가져왔으면 짝과 같이 쓰자. 오늘 쓰고서는 빨아야 하니까."

그러고서는 아이들 반응이 좋지 않은 과제(미션)를 던집니다. "자, 오늘은 맨발로 나갈 거야. 양말 벗어보자."

"아, 양말을 왜 벗어요?"

이 정도는 아주 점잖은 반응이고, 짜증을 내는 아이들도 있습니다.

양말을 벗은 저부터 맨발로 교실을 나섭니다. 참 신기합니다. 그러면 그렇게 싫다던 아이들도 금세 다 따라 나옵니다. 모두가 맨발로요. 처음에는 싫지만 해 본 경험이 없어 기대되나 봅니다. 그렇게 나와서는 학교를 한 바퀴 돌며 놉니다. 양말을 벗으니 우산도 벗어 던지는 아이들이 있습니다. 은근히 바라던 모습입니다. 저도 우산을 던지고서 함께 걷습니다. 뒤에서 저에게 고인 물을 튕깁니다. '옳거니' 하고서 제가 더 흠뻑 젖게 물을 튕깁니다.

그렇게 비에서 놀 수 있는 아이들이 되었습니다.

물놀이로 이어가기

비가 올 때 이렇게 비와 놀다 보면 저절로 물놀이로 옮겨갑니다. 물론 날이 더울 때는 수돗가에서 물놀이를 할 때도 있습니다. 그렇지만 물을 너무 펑펑 쓰는 것 같아 재미나더라도 마음껏 하기엔 마음이 편치 않습니다. 그러니 비 오는 날 많이 하게 됩니다.

비 맞으며 놀다가 바닥에 고인 물을 발로 튕겨 놀다가, 물을 퍼 담을 수 있는 것(저는 고무신)으로 물을 던지며 놉니다. 함께 흠뻑 젖습니다. 서로 물을 뒤집어씌우니 재미납니다. 물에 빠진 생쥐 꼴을 보며 서로 웃습니다. 여학생과는 손바닥을 세게 치며, 남학생과는 힘껏 껴안으며 인사하고 헤어집니다.

이렇듯 물놀이를 할 때는 집에 가기 전에 합니다. 그래야만 물놀이를 마치고서 바로 집에 가 씻고 옷을 갈아입을 수 있습니다. 그러면 감기에도 걸리지 않습니다. 아이들이 바로 집에 가지 않을까

걱정할 수 있지만, 이렇게 자주 놀 때 하는 선생의 부탁은 잘 들어
줍니다. 그래야만 더 재미나게 놀 수 있기 때문입니다.

하나 더 덧붙이고 글을 마치렵니다. 이렇게 바깥에서 놀 때 가장
주의할 것은 '안전'입니다. 앞에서 살핀 비와 함께 할 때는 다칠 위
험은 적지만, 물놀이 때는 위험요소가 꽤 많습니다. 그러니 미리미
리 말해줘야 합니다.

"물 퍼는(담는) 것(페트병 따위)으로 때리지 않게 조심하세요."

"계단(스탠드)에는 올라가지 않습니다. 미끄러지면 크게 다칩니
다."

"상대방이 '그만'이라고 말하면 더 이상 하지 않습니다."

비와 물로 더운 여름, 신나게 놀려고 합니다.

2013년 6월 4일 화요일

아이들이 가는 곳은
언제나 꽃피는 봄이라네

오늘 '6.15 공동선언실천 남측위원회 경기 본부'에서 오신 분이 한 시간 '평화통일'을 주제로 수업을 해 주셨다. 물론 수업 받고 싶은 반을 물을 때 우리 반이 신청했다. 이런 전문 강사 수업이나 바깥으로 나가는 활동은 되도록 신청하는 편이다. 늘상 나랑 하는 것보다는 훨씬 더 눈길을 끌고, 무엇보다도 전문가이시니까.

그런데 이번 시간에는 믿음 반 걱정 반이었다. 요즘 워낙 남과 북이 대결 국면이라 혹시 북한의 나쁜 점을 부각하며 통일이 아닌 대결로 이끌면 어쩌나 하는 걱정이었다. 그런데 오늘 내용은 '다르다'는 점과, 원래 '하나'였기에 다시 하나가 되어야 하는 점을 부각해주셨다. 나도 뒤에서 정겹게 들었다.

아이들도 강사님이 준비한 파워포인트 자료에 쏙 빨려들며(워낙 컴퓨터 기기를 잘 안 쓰니 파워포인트만 보여줘도 좋아한다) 문제도 풀고 강사님 물음에 대답도 한다. '역시 내가 하는 것보다 훨씬 더 낫네' 하는 생각으로 흐뭇하다.

마칠 무렵, 앞으로 나와 내 작은 의자를 가운데에 놓았다. 내가 앞으로 나와서 만지작거리니 강사님 마음도 바쁘신지 가방을 들고, 아직 다 걷지 못한 설문지를 바삐 모으신다. 나는 컴퓨터 화면에 〈아이들이 가는 곳은 언제나 꽃피는 봄이라네〉 노랫말을 띄운다. 아이들은 흥얼거린다.

"선생님, 여기에 앉아보실래요."

강사님이 어리둥절하시며 자리에 앉으신다.

"자, 오늘 한 시간 해 주신 우리 선생님께⋯. 고마움에 이 노래 들려드릴
게요" 하며 노래를 불러드렸다.

아이들이 가는 곳은 언제나 꽃 피는 봄이라네

아이들 세상은 언제나 꽃 피는 봄이라네

맑은 개울물이 흐르고 새들이 노래하는

아이들 세상은 언제나 꽃 피는 봄이라네

감나무엔 까치가 울고 빨랫줄엔 제비가 노래한다네

진달래꽃 꺾어 들고 노래하는 꽃분이 귀돌이 태복이

아이들이 가는 곳은 언제나 꽃 피는 봄이라네

아이들 세상은 언제나 꽃 피는 봄이라네

어른들은 언제나 어둡고 어디서나 꽁꽁 얼었고

핵무기를 만들고 전쟁을 얘기하지 어두워 어두워

허리가 잘렸어도 아이들은 자라고

철조망이 막았어도 아이들은 자라지

남쪽에도 북쪽에도 꽃처럼 자라는 아이들

아이들이 가는 곳은 언제나 꽃피는 봄이라네

아이들 세상은 언제나 꽃 피는 봄이라네

꽃들이 저마다 피어나고 햇볕도 따뜻한

아이들 세상은 언제나 꽃 피는 봄이라네

노래와 아이들이 있어 행복하다

서울 문학의 집에서 열렸던 '그립습니다. 권정생' 행사에서 우리 반 아이들과 부른 노래이기에 모두가 잘 안다. 아이들도 참 정성껏 부른다. 지금 막 마친 평화통일교육과 맞닿는 점이 있어 더 그렇다. 들으시던 선생님께서도 고개를 텔레비전으로 돌리시며 노랫말에 관심을 보이신다.

'핵무기를 만들고 전쟁을 얘기하지 어두워 어두워 허리가 잘렸어도 아이들은 자라고 철조망이 막았어도 아이들은 자라지 남쪽에도 북쪽에도 꽃처럼 자라는 아이들 아이들이 가는 곳은 언제나 꽃피는 봄이라네' 하며 노래할 때는 가슴이 갈수록 벅차오른다. 핵무기─전쟁─허리─철조망─남쪽─북쪽─꽃처럼 자라나는 아이들로 가사가 이어지며 내 가슴을 때린다. 아이들도 이 대목에서 가장 힘주어 노래하는 것 같다.

오늘 강사 선생님께 드리는 노래 선물에 내가 더 큰 선물을 받는다. '권정생 할아버지, 고맙습니다' 하는 마음이 저절로 든다.

"선생님, 고맙습니다" 하며 아이들과 함께 손뼉으로 인사를 드렸다.

내가 기타를 칠 줄 알고, 백창우 님과 그 노래를 안다는 사실이 이렇게 나를 행복하게 만든 순간이었다. 물론 이렇듯 마음 가득 담아 노래를 해 준 우리 아이들이 있어 가능했지만.

아침햇살 첫날

'오늘 몇 명이나 오려나?'

아침햇살을 오늘 처음 하는 날인데, 꼼꼼하게 알리지 않았다. 그냥 어제 헤어질 때, 말로만 했다.

"우리 내일 아침에 아침햇살 할 거야. 뭐냐면, 아침 7시 30분에 학교에서 만나. 만나서 산이나 공원에서 놀 거야. 놀고서 함께 아침밥을 먹어. 그러니 도시락을 준비해야지. 아, 맞다. 이건 희망자만 하는 거야. 내일 못 오더라도 다음 주에 오면 돼. 이번부터 주마다 할 것이거든."

알림장에도 쓰지 않았다. 부모님들께 문자를 드리지도 못했으니.

'그래도 다섯은 넘겠지.'

학교에 거의 다 왔을 때, 전화가 왔다. 유석이 어머니 번호다. 전화를 받는데, "아앙. 나…" 하는 소리가 전화기를 타고 들린다.

"선생님, 유석이가요. 오늘 아침햇살을 못 가게 되었다고 난린데 어떡하죠?"

"그러게요. 어떡하죠. 다음 주에는 일찍 오라고 하세요."

유석이가 오고 싶었는데 못 와서 아침부터 뿔이 단단히 났나 보다.

학교에 차를 세우고, 삼각김밥을 손에 든다. 공원 방향에서 준환이가 보인다. "안녕하세요" 인사하며 빨간 볼로 활짝 웃는다.

"그래. 준환아. 애들이 교실에 있나 보다. 가 보자."

중앙현관으로 계단을 오르는데 빈 학교에 아이들 소리가 울린다.

"재민이 목소리다."

교실에 오니 소희, 정지은, 은진, 이로, 설빈, 재민, 민성, 광탁이 와 있다. 날 놀라게 하려다가 들켰다며 웃는다.

"자, 도시락 들고 가자."

그렇게 우리는 첫 아침햇살을 떠났다.

아이들, 아침햇살 무용담을 만들다

학교 앞산에 늘 가고 싶었는데 오늘에야 갔다. 학교에서 앞산을 보면 높은 시멘트에 쇠로 된 담이 있어 오를 수 없다고만 생각했는데, 소희 말에 돌아서 가면 오르는 길이 있단다. 그래서 소희 따라 갔다. 정말 가는 길이 나온다. 가는 길에 자그마한 놀이터도 있다. 놀이터를 지나 산을 오르는데 산길이 참 좋다. 아까시나무와 굴참나무가 빽빽하다.

시원하다. 조금 더 가면 꼭대기를 넘어 반대 방향으로 처음에 가려고 마음먹었던 군포 공설 운동장이 나올 것 같다. 원래 오늘은 길 알아보는 날로 계속 걸으려 했다. 물론 아이들은 신난 표정이면서도 힘들다고 볼멘소리를 한다.

"선생님, 저 아직 등산하면 안 돼요."

다친 준환이다. 그렇다. 자전거로 다쳐 두 주 동안 학교에 못 오다가 이번 주부터 나오는 준환이에게 산을 다 오르는 것은 해서는 안 될 일이다.

"그래. 그럼 여기에서 놀다가 밥을 먹자."

앉아서 먹으려는데 모기가 많다.

"우리 오는 길에 있던 놀이터에서 먹자."

그렇게 우리는 놀이터에서 밥 먹고, 놀다가 학교에 왔다.

학교에 오니 8시 30분이다. 교실에 있던 아이들과 더 반갑게 인사한다.

그러고서 무용담이라도 되듯 이야기를 늘어놓는다.

2013년 6월 10일 월요일
잔소리 듣는 선생

지난주 수요일에 이어 오늘도 잔소리를 많이도 들었다. 채현이와 소희
다. 특히 채현이는 잔소리가 끝이 없다. 어이구나, 잔소리를 쉴 틈 없이
쏟아낸다.

먼저 지난주 잔소리를 담아 보자.

"선생님, 여기는 청소 언제 했어요?"

"그기 3월 초에 했거든."

"그런데 이렇게 먼지가 많아요. 와, 정말. 그리고 여기는요."

"그기도 했지."

그러자 채현이는 사물함 옆 기타 두는 책상 밑을 집중 공격한다. 3월 초
에 하고서 잘 닦지 않던 곳이다.

"선생님, 선생님 의자 밑에 먼지가 이리 많은데요."

"아냐. 너희들도 알잖아. 내가 날마다 쓸고 닦잖아."

"그런데 이렇게 먼지가 많아요?"

애들이 책 꽂아 두는 책장 밑에 빗자루를 넣고서 쓸어낸다. 나는 대걸레로 넣어서 닦기만 하던 곳을.

"그래. 미안하다."

"여기도 와 보세요."

"또 왜?"

"여기에 먼지 보세요."

"어, 그기 왜 그렇게 있지? 그기는 지난주에도 했는데."

"여기는 날마다 해야죠."

"미안. 알았다."

그러며 신발장 빈칸(신발을 두지 않는)을 닦는다.

날마다 청소하는 나이기에 억울한 게 있지만 그냥 듣고만 있었다.

시어머니가 따로 없네

오늘도 그 잔소리가 이어진다. 내가 볼 때는 이 잔소리를 하려고 집에 가지 않고 남아서 청소를 하고 있는갑다. 자기 자리 청소만 하고서 아이들이 가고 나면 덜 된 곳을 내가 하는 게 우리 반 청소인데 채현이와 소희 둘은 또 남았다.

아니나 다를까 오늘 쉬는 시간에 하다가 못한 창틀을 닦는다(오늘 더워서 교실 창문을 모두 한쪽씩 열었다. 그런데 위쪽 창문을 열 때 꽃가루가 날린다. 난 정말 꽃가루인 줄 알았다. 그런데 그게 먼지였다. 바쁘게 쌓인 먼지를 닦았다. 그때 돕던 아이들에 채현이와 소희 둘이 있었고, 그걸 보고서 한심했는지 또 남았다).

나는 건물 바깥쪽 위쪽 창을 닦았고 얘들은 반대 복도 위쪽 창을 닦는다.

"선생님, 이거 봐요. 먼지가 이렇게 떨어지잖아요. 5년은 안 닦은 것 같아요."

"아야, 난 올해 처음 이 학교에 왔잖아."

"그래도 닦았어야죠."

맞는 말이다. 그곳은 올해 닦지 않은 곳이다.

"그래. 미안타. 아, 정말 잔소리."

"듣기 싫으면 잘 해야죠."

"알았어." 티격태격한다.

"선생님, 여기도 봐요."

"아, 또 어디? 너희들도 알잖아. 나 날마다 청소하잖아. 아까도 했고."

"그런데 여기는 안됐잖아요."

"어디?"

"여기요."

이번에는 바깥쪽 창틀이다. 어디서 나타난 솔이도 함께 잔소리다.

"이리 와 봐요. 하는 방법을 가르쳐드릴게요."

"그래? 어떻게 하는데."

"있잖아요. 이렇게 모양이 조금 다른 빗자루를 둘 준비해서 하나는 이렇게 쓸어 모으고, 하나는 밖으로 끌어내요."

"그래. 알았다. 그런데 니들 집에 안 가나?"

"청소 다 하고요."

미쳐버리겠네.

"아, 맞다. 오늘 회의 있다. 회의 갈게."

교실을 나왔다. 도망나온 게다.

"다 하면 가라."

"네."

이럴 때는 참 예쁘게도 대답한다. 고녀석들.

협의실로 피신 갔다가 오니, 창문도 잘 닫고 갔다.

'어유, 살았네' 하는데 컴퓨터에 붙은 종이가 한 장 보인다.

명언 : 앞으로 아주아주 깨끗이 청소 좀 하세요!!!

소희, 채현, 솔 드림

'내가 졌다.'

마을 만들기

미술 시간에 질퍽한 운동장에서 마을을 만들었다. 요즘 비가 많이 오길래 어제 이 주제로 정해 모두가 함께 하기로 했다. 많은 아이들이 집에서 소꿉놀잇감을 챙기고 장화를 신은 채로 왔다. 교실에서도 몇 가지 더 챙기기로 한다.

"모둠이 함께 해요. 모둠이 함께 해도 좋고, 아니면 모둠에서 둘셋으로 나눠서 하세요. 혼자서 하는 것은 좋지 않은 것 같아요. 그래도 우리는 한 반이고, 한 모둠이니."

이제 이런 말은 잘 알아서 새겨듣는다.

"운동장에서 직접 만드는 시간은 한 시간 정도 할게요. 그러니 나가기에 앞서 교실에서 무엇을 만들지 생각해보세요. 자, 여기 이면지를 한 장씩 가져가서 만들 것을 그림으로 나타내 보세요."

모둠에서 끼리끼리 모여 이것저것 만들 것을 궁리한다. 에구 시끄러워.

"놀잇감을 안 가져와 흙을 파고 할 준비물이 없는 사람은 재활용 쓰레기통에서 찾으세요."

서로 앞다퉈 찾는다. 늘상 버리기만 하던 쓰레기가 오늘은 좋은 놀잇감이다.

"자, 그럼 이제 나가서 만들게요. 무엇보다 안전이 중요해요. 놀다보면 신나는 기분에 모래를 던지고 하는데, 그러면 모래가 눈에 들어갈 수 있기에 위험해요. 싸움이 나기도 하겠죠? 무엇보다 안 다치게 해야 해요. 또한 선생님에게 보이는 곳에서 놀아야 해요. 그렇지 않으면 위험하거든요."

교실 밖에서 하는 수업 때마다 늘 되풀이하는 말이다.

정말 신나게 놀면 감기에 걸리지 않는다

보슬비가 내린다. 아이들은 우산을 쓰고서 자리를 잡는다.

정말 내 눈에 보이는 곳에서 놀았고, 아무도 위험한 장난을 치지 않았다. 고맙다.

"장화를 신고 오지 않은 사람은 맨발로 해도 좋아요. 맨발이 싫은 사람은 신발을 신어도 되고요."

나는 맨발로 다녔다. 하하.

"선생님, 이건 석굴암이에요."

"수학여행에서 본 거네."

아무도 그냥 있는 아이가 없다. 어떤 아이는 수건을 목에 두르고서 신났다. 모두가 미술을 한다. 아니, 보슬비 속에서 흙으로 논다. 제맛이다.

"오늘은 비가 많이 내리지 않지만 비가 오면 감기에 걸리기 쉬워요. 그러니 놀고서 집으로 바로 가요. 그리고 집에서 바로 씻고 옷을 갈아입으면 감기도 안 걸려요. 감기에 걸리는 사람이 있으면 이런 놀이도 못하잖아요."

경험상 이렇게 신나게 놀고서 감기에 걸렸다는 아이들은 거의 없었다.

아이들은 다 다르다

이번 주 노래 〈솔아 푸르른 솔아〉의 주인공 김솔. 참 씩씩해서 목소리만 들어도 힘이 난다. "선생님, 이거 다 본 거예요?" 하며 일기장을 나눠준다.

아침 6시 9분에 문자가 왔다. 현서다.

'선생님, 오늘 아침햇살 못 가죠?'

'갈 건데.'

'비 오는데 가요?'

'이 정도야.'

현서는 아침햇살이 처음이라 설레는 마음이 문자에 담겼다. '선생님, 밥 먹고 가는 거 아니죠? 가서 먹는 거예요?' 한다.

책벌레로, 요즘 집중 잘한다고 칭찬 받는 세욱이. 요즘 일기와 '삶' 공책을 한다.

오늘 밥친구 재민이가 '시로 여는 아침' 종합장을 안 가져왔다고 친구 것을 같이 본다고 나에게 와서 말한다. 이렇게 챙기는 게 좋아진 재민이다.

어제 일기에 조금 더 시간을 쏟으라는 말에, 그러고 싶은데 어제 일기장을 안 가져갔다는 글을 쓴 민재. 오늘은 꼭 시간을 쏟아서 쓸 거란다.

채현이가 요며칠 몸이 안 좋다며 힘들어하더니 오늘은 괜찮아 보인다. 다행이다. 채현이는 오늘 공연하는 아이들 율동을 담당해 오후까지 가르친다.

"옆에 밥친구 생각해서 웃으세요." 점심 밥 먹으며 ○○이랑 다투는 **를 혼내는 모습에 현수가 한 말이다. "나 화 안 났는데" 하고 현수에게 애써 웃어 보였다.

어제 기타 연습을 못해 점심시간에 연습하는데 역시 잘 친다. 오디션에 왔더라면 기타 공연에 같이 갔을 거라 미안한 마음을 들게 한 나현이다. "자, 여학생들 나 좋아하는지 한 사람씩 물을게" 하며 장난치는데 다들 "싫어요" 하는데 이수민이는 "몰라요" 했다. 정지은만, "좋아요" 했다. 아침햇살에 도시락이 안 보여, "밥은?" 하니, "먹고 왔어요" 한다. 그러더니 동무들 도시락을 잘 나눠 먹는 동현이다. 재미나다. 다음에는 싸와서 먹겠지. 맛나니.

아이들 덕분에 자라는 마음

요즘은 오후에 에어컨을 틀고 있다. 서연이가 어제 춥다고 해서, 내 체육복을 덮었더니 아이들이 "우~" 했다. 그래서일까 오늘은 긴 겉옷을 입고 왔다.

**가 또래 중재를 하게 됐는데, 다른 동무들이 잘못했다고 계속 고발을 할 때, "그러면 **가 힘들잖아" 하며 헤아리는 권유민. 마음이 예쁘다.

잘 웃는 우리 다현이가 요즘 짜증이 많이 난단다. 다 시험과 공부 탓이다. 내가 해 줄 수 있는 것은 웃음. 정유민과 놀 때 살짝 도와줬는데 알랑가 몰라.

이로가 "저기 산으로 가요" 한다. 아침햇살에 비가 조금 내려 산으로 안 가고, 시민공원으로 갔는데, 시민공원 뒤 산을 가리킨다. "산에 가고 싶었는데" 하며 이로가 아쉽단다. "다음 주에 가자"고 말해줬다.

"선생님, 이 책 추천하는 글을 학급문고 안내판에 써 붙여도 돼요?" 승민이가 《초정리 편지》*를 읽었다고 하는 말이다. 오늘 사회 시간에 세종대왕을 배웠더니 이렇게 몸으로 보인다.

오늘 김녹촌** 선생님 1주기에 기타 동아리가 가는데 정수민이 키가 커서 노래(노래 아이들이 작다)에서 기타로 돌렸는데 연습하더니 꽤 잘 친다. 실력이 쑥 올라가네.

설빈이는 나보다도 몸이 무겁다. 그만큼 크다. 물론 살이 많이 빠졌다. 그 몸에 수학여행에서 손을 위로 들고 좌우로 흔드는 춤은 우리 반 최고 인기다. 점심시간에 '싹싹싹' 노래에 맞춰 내가 추는 모습을 보이니 앞문으로 도망 간다. 같이 추지.

오늘 또래 중재로 신이가 기가 푹 죽었다. 많은 친구들에게 지적 받고 사과해야 했으니. "다음에는 우리 '니가 이래서 나빠'보다는 '니가 이렇게 해 주면 좋겠어'라고 말하자. 그리고 신이, 잘해. 넌 신이잖아." 씩 웃는다. 난 영근신. 넌 신.

"선생님, 이거 보세요" 하며 정수민이 그림을 하나 보인다. 정유민이 그

---

* 배유안 님이 쓰고 홍선주 님이 그린 책으로 일반 백성의 입장에서 한글 창제의 의미를 풀어주는 동화입니다.
** 시인이자 아동문학가이며 동시집 《꽃을 먹는 토끼》, 《오라가 크는 집》 등이 있습니다. 세종아동문학상, 대한민국동요대상 본상 등을 수상하였으며 한국어린이문학협의회 회장을 지냈습니다.

린 내 얼굴이란다.

"정유민, 역시 넌 날 좋아해."

"아이 정말. 싫어요."

참 일관성 있게 내가 싫다는 정유민.

목소리가 파르르 떨린다. 그러면서도 참 진지하다. 《듣말쓰》와《실과》를 묶어 파워포인트로 발표 수업을 하는데, 민성이 모습이다. "민성아, 진지해서 좋아. 다음에는 더 잘 할 거야."

손을 쭉 내민다. 그러더니 내 손을 잡고서 꽉 당긴다. 그러며 세게 부딪히고서는 좋다고 싱긋 웃고 가는 백지은 모습에 나도 웃는다.

우리 반 남학생에서 유일하게 내 엉덩이를 때릴 줄 아는 현진이가 회의 때 보니 상남자다. 손은 안 들지만 툭툭 던지는 한 마디에서 카리스마가 작렬이다. 그래도 손 들고 말해.

"선생님, 이수민이 비 마이너 세븐이 잘 안 나요."

"괜찮아. 도와줘."

"네."

기타 잘 치는 준환이가 갓 배운 정수민과 이수민을 가르친다. 오늘 공연을 위해 며칠을 옆에서 가르쳤다.

"오늘은 내가 도와줬어" 하며 권유민을 보고 씩 웃는 광탁이다. 수학 시간에 짝에게 도움을 줬나 보다. 배움짝에게 도움을 받다가 이렇게 줄 수 있어 자기 실력에 스스로 놀랐다고 좋아 웃는다.

처음부터 끝까지 앞에서 앉아 도움말을 준다. 오늘 김녹촌 1주기 '싹싹싹' 공연 안무 담당인 소희가 보이는 책임감이다. 앞에 앉아서 화내지 않고 동작을 알려준다. 프로다.

은진이는 아침햇살이 얼마나 하고 싶은지, 어제 학교에서도, 오늘 아침에 문자로도 묻는다. "오늘 공연 노래 연습하지 않고 아침햇살 가도 돼요?" 하더니 결국 아침 연습을 취소하고서 아침햇살에 나온 은진이다. 오늘 첫 공연이라 많이 떨릴 건데.

어제 공부를 생각그물로 정리한 재원이, 참 정성껏 잘했다. "재원이, 잘했네" 하고 칭찬했다. 일기나 내 삶이 버릇이 되길 마음으로 빈다.

이번 주는 유석이 축구 활약이 눈에 띄었다. 워낙 승부욕이 강하니. 짝인 광탁이, 뒤에 있는 신이랑은 참 많이 웃는다. 그 웃음으로 지적도 여러 번 받았지만. 밝으니 좋다.

"진솔아, 복습장 보여줘야지."

"저는 아까 했잖아요."

진솔이가 눈을 흘긴다. 그래서 "그래?" 하며 내밀었던 손을 걷었다. 그러니 진솔이가 자신이 이겼다는 흐뭇함에 웃는다. 이런 작은 것에도 좋아하는 진솔이다.

05

7월
노래와 기타 동아리

우리 참사랑땀반에서 날마다 하는 것으로 빼놓을 수 없는 게 있습니다. 그게 바로 노래입니다. 노래와 함께 하루를 열고, 노래로 이뤄지는 일도 참 많습니다. 노래와 함께 기타 동아리를 소개하려 합니다.

희망의 노래

날마다 아침이면 첫 시간 수업에 앞서 기타 반주가 울려 퍼지고 함께 노래를 부릅니다. 주마다 새로운 노래로 서너 곡을 부릅니다.

"자, 얘들아, 눈 감아 볼래."

아이들은 눈을 감고 새로운 노래를 듣습니다. 월, 화는 악보나 노랫말 없이 눈 감고 듣기만 합니다. 눈을 감으면 노랫말에 더 집중할 수 있고, 노랫말 따라 머릿속에 그림을 그리며 듣습니다. 수요일부터 악보나 노랫말을 보여줍니다. 그때 아이들도 함께 노래를 부릅니다.

노래를 왜 날마다 부를까요? 언제나 그렇듯 아이들은 그때 유행하는 노래에 빠져 있습니다. 그 노래들 노랫말이 무슨 말인지도 잘못 알아듣겠지만 들어보면 그 내용들은 자극이 큽니다. 그렇지만 아이들 문화를 막을 수는 없습니다. 막을 수 없기에 마음을 어루만지는 노래를 불러줍니다. 아이들이 흥얼거리기 좋은 노래, 우리 정서와 삶이 담긴 노래를 들려주고 있습니다.

그러기에 좋은 노래는, 많이 알려진 백창우 님이 만든 곡입니다. 이오덕, 이호철, 임길택, 박문희 선생님과 반 아이들의 시와 말로 만든 노래, 권정생, 권태응, 이문구, 백창우 같은 어른이 쓴 동시로 만든 노래가 있습니다. 이 노래를 주에 한 곡 부릅니다. 아이들이 참 좋아합니다. 또 함께 부르는 노래로 어른들 노래이지만 노랫

말이 참 좋은 노래(함께 가자 우리 이 길을, 꼴찌를 위하여, 아침이슬 따위)도 한 곡 부릅니다. 그리고 나머지 한두 곡은 7080 노래에서 고릅니다. 물론

요즘 노래를 부르지 못하기에 제가 자신 있게 부를 수 있는 노래로 고릅니다. 예전 노래이지만 노랫말이 괜찮은 게 참 많습니다. 무엇보다 흘러간 이 노래들은 누구나 부를 수 있는 노래기에 더없이 좋습니다.

목청껏 노래 부르는 교실

이렇게 백창우 노래, 흘러간 노래를 고르면서 또 고려하는 게 있습니다. 바로 달에 어울리는 노래를 찾아 부르는 겁니다.

3월에는 〈봄나들이〉(백창우) 같이 봄 이야기를 부르거나, 〈꿈꾸지 않으면〉(간디 학교 교가), 〈꿈이 필요한 세상〉(백창우) 같은 노래로 학기 초에 학급 분위기를 다듬습니다.

5월은 '어린이와 가정'이 주제입니다. 〈우리 어머니〉(백창우), 〈아빠의 청춘〉(오기택), 〈선생님 우리 선생님〉(백창우)를 노래합니다.

6월은 '평화 통일'로, 〈북쪽 동무들〉(백창우), 〈터〉(신형원), 〈직녀에게〉(김원중) 같은 곡을 부릅니다.

7월은 '시험과 방학'이 기다립니다. 〈걱정이다〉(백창우), 〈시험〉(백창우)을 부르며 시험 스트레스를 풀고, 〈여행을 떠나요〉(조용필), 〈해변으로 가요〉(키보이스)를 목청껏 부르며 여름방학에 대한 기대감을 키웁니다. 이렇듯 그때마다 부를 노래가 있으니 참 좋습니다.

지금 우리 반 아이들은 아침에 부르는 노래를 참 좋아합니다. 더 부르자는 소리가 갈수록 더 많아집니다. 그런데 아이들이 이런 노래를 처음부터 좋아한 것은 아닙니다. 3월 처음에는 기타 치며 노래하는 모습에 신기함에 관심을 보였지만, 이내 곧 낯선 노래라 어색해하는 모습이나 자기들이 좋아하는 노래를 해달라는 아이도 있었습니다. 처음에 아이들이 그런 반응을 보일 때는 '이걸 계속 해야 하나?' 하고 망설임도 있었지만 지금은 그럴 때마다 더 정성껏 열심히 노래 부릅니다. 그렇게 3월, 4월이 지나면 아이들은 곧 적응하고선 노래에 흠뻑 빠져듭니다. 그러며 노랫말에도 관심을 갖습니다. 무엇보다 교실에서 목청껏 노래 부르는 것만으로 즐거워합니다. 그 모습에 나도 함께 행복합니다.

　마지막으로 '밥친구'를 위한 노래를 소개합니다. '밥친구'는 날마다 돌아가며 담임인 저와 점심밥을 먹는 학생입니다. 그 밥친구가 듣고 싶은 노래를 아침에 불러 줍니다. 이번 주에 부르는 노래를 마치며, "자, 밥친구 무슨 노래할까요?" 하면 자기가 좋아하는 노래, 듣고 싶은 노래를 해 달라고 합니다. 가끔은 "선생님 마음대로요" 하는데, 그럴 때면 노래책을 꺼내 지금까지 부르지 않은 노래를 부르기도 합니다. 이렇게 밥친구를 위한 노래를 할 때는 조금 더 정성껏 부릅니다. 전 날마다 부르는 노래이지만, 밥친구에게는 담임이 자기에게 불러주는 특별한 노래이기 때문입니다.

　이렇게 부른 노래는 한 해를 마칠 때 '희망의 노래'라는 문집으로 엮어 줍니다.

기타 동아리

"선생님, 기타 좀 가르쳐주세요."

5년 전에 6학년을 가르칠 때 우승이가 불쑥 한 말에 기타 동아리가 시작되었습니다. 우리 반 기타 동아리 이름은 '꿈꾸는 아이들'로 '꿈아들'이라 부릅니다. 기타 동아리는 원하는 아이들이 함께 하는 우리 반 동아리입니다. 화요일과 목요일 수업을 마치고서 한 시간씩 연습하고 있습니다. 그 이야기를 조금 더 소개합니다.

지금 우리 반 기타 동아리는 열여덟 친구들이 하고 있습니다. 반 아이들이 서른이니 참 많은 아이들이 동아리를 하고 있습니다. 사실 처음에는 '5학년 아이들이 기타를 제대로 할 수 있을까?' 걱정도 했습니다. 지금까지는 6학년만 동아리로 꾸려서 했기 때문입니다. 3월 말에 시작할 때 자기만한 기타를 매고 와서는 자기만한 기타를 안고 씨름을 하는 걸 보고 '아이고야, 저래가지고 치겠나?' 싶었습니다.

그런데 그건 괜한 걱정이었나 봅니다. 지금 우리 아이들은 쉬는 시간, 점심시간에도 기타 치는 아이들을 볼 수 있습니다.

이렇게 연습을 많이 해서 그런지 아이들은 참 빨리 익힙니다. 제가 가르치는 방식이 따라오기 쉽지 않은데 말입니다. 제가 가르치는 방식은 주법(3월부터 달마다 칼립소, 고고, 슬로우고고, 왈츠, 스윙을 배움)을 알려주고, 한 곡으로 계속 연습합니다. 칼립소는 〈구만이〉를, 고고는 〈민들레〉를, 슬로우고고는 〈함께 가자 우리 이 길을〉, 왈츠는 〈개구리 소리〉를, 스윙은 〈뭉게구름〉을 계속 연습합니다. 같은 곡을 계속 연습해 주법을 제대로 칠 줄 알면 다른 노래도 금세 칠 수 있으니 이렇게 합니다. 그런데 이렇게 같은 곡만 연습하면 쉬이 지겨울 수 있습니다. 그래서 주마다 새로운 노래도 한 곡씩 줍니다. 그렇게 합주와 개인 연습으로 한 시간씩 익히고서 마칩니다.

기타로 나눌 사랑이
참 많다

처음 기타를 시작할 때 미리 한 말이 두 가지 있습니다.

"기타가 쉬운 악기가 아니에요. 그래서 연습이 많이 필요하고, 무엇보다 시간이 오래 걸리는 악기죠. 그러니 부탁하건대 하다가 포기하지 마세요. 안되더라도 계속 하세요. 그러다보면 어느 날 한 곡이라도 되는 게 있 을 거니까요."

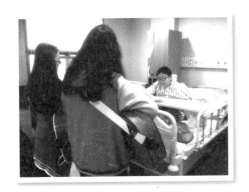

정말 간절한 부탁
이었습니다. 고맙게
도 아직 열여덟 명 중
아무도 포기하지 않
고 하고 있습니다.

"기타를 배워 나눌 수 있어야 해요. 기타 동아리라면 꼭 해야 해
요. 그러니까 선생님이 하자고 하는 사랑 나눔이나 공연은 꼭 해야
해요. 나도 가르친다고 시간과 정성을 쏟으니 여러분이 이 정도는
따라주면 좋겠어요."

시작할 때부터 이렇게 말한 까닭은 기타로 나눌 사랑이 참 많기
때문입니다. 작년에도 대현이가 다리를 크게 다쳐 병원에 오랫동
안 있었던 적이 있습니다. 그때 우리 기타 동아리는 병문안 가서
노래했습니다. 병원에 계신 다른 환자분들도 아이들 공연에 즐거
워했습니다. 교실에 가끔 외부 강사가 특강을 하실 때가 있습니다.
이럴 때도 강의가 끝나면 그 분은 교실 가운데 모시고 노래 선물을
드립니다. 우리 반 문집과 함께 드립니다. 가끔은 공연을 하기도
합니다. 올해는 권정생 문학의 밤, 이오덕 추모제, 서정홍 출판기
념회, 김녹촌 1주기 행사 같은 곳에서 했습니다. 이런 행사는 아이
들에게 추억과 함께 무대 경험으로 자신감도 키워줍니다. 무엇보

다 공연 준비로 실력이 한층 좋아지니 얻는 것이 참 많습니다.

기타 동아리를 하면 보람도 크지만 안타까울 때도 많습니다. 먼저 만만치 않은 가격에 기타를 구할 수 없는 아이들이 있습니다. 네 해 전 제자는 콜라병으로 코드 잡는 연습하며 기타를 치고 싶어했습니다. 그래서 낡은 기타를 하나 구해 준 적이 있습니다. 올해도 기타 가격이 부담스러워 하는 아이들을 위해 교실 앞, 뒤에 기타를 두 대 뒀습니다. 아무나 쓸 수 있는 기타입니다. 기타 동아리에도 둘은 그 기타로 연습하고 공연에도 다닙니다.

날마다 노래와 기타로 조용할 날이 없는 우리 반입니다.
그렇지만 그 속에 즐거운 웃음이 있습니다.

그래, 어떻게든 풀어야지

시험이 온통 세상을 덮었다. 그 피로가 아이들 어깨에 잔뜩 쌓였다. 집에서는 어제부터 희문이가 기말고사로 바쁘다. 학교에서는 우리 반 아이들이 다음 주 시험으로 바쁘다.

"이번 주말에 공부하고 쉬고, 그리고 공부하고. 와, 정말 공부만 했어요."

"주말에 학원에서 오라고 해서 문제 풀고, 숙제 받고. 어유, 못 살아요."

아이들 말과 글에 온통 시험이다.

나도 지난 주말부터 단원별 학습지를 한 장씩 줬다. 집에서 풀어보라고. 그런데 그것까지 부담으로 쌓인다. '그래, 집으로 보내지 말고, 수업시간에 잠시 풀도록 하자' 싶어 오늘은 주는 걸 포기했다.

역시 아이들은 사회 역사 단원을 어려워한다. 지금까지 구석기부터 조선 초기까지 배웠다. 많은 사람들이 맥락을 공부하는 것이 좋다고 하지만 이제 초등학교 5학년인 아이들이 긴 역사의 맥락을 파악한다는 건 사실 거의 불가능에 가깝다. 물론 책을 많이 본 아이들, 정말 머리가 좋은 아이들 몇은 흐름을 파악하고 있지만, 거의 대부분은 정말 힘들어한다. 그 가운데 1/3 정도는 나라 이름의 흐름 파악과 그 나라의 임금이나 장군 이름을 단지 외우고 있다. 우리 반은 내 설명을 듣고, 교과서를 보며 생각그물로 스스로 정리하며 공부했다. 그 방법 또한 이해 가능한 아이들에게는 맞지만, 다른 아이들은 그냥 책 정리하는 수준이었음을 지금에야 알겠다.

2학기 때는 조선 후기부터 현대사까지 배운다. 이건 정말이지 우리 아이들에게 역사, 국사를 정말 싫어하게 만드는 교육과정이다. 물론 인정한다. 내가 더 재미있게, 더 잘 가르치지 못하는 것은. 그러니 아이들만 싫어하게 하는 게 아니라, 선생 스스로도 미쳐버리게 만든다.

좋은 역사 교육이 필요해

혼자서 교과서를 다시 본다. 교과서 한두 쪽에 한 시대의 사건이나 문화재를 다 담은 것을 제대로 이해한다는 건 불가능이다. 그래서 어떻게 할까 궁리했다.

우선 4절 도화지를 나눈다. 물론 다음 주에 시험이 아니라면 이런 짓도 하지 않을 것이다. 그렇다면 그냥 편하게 우리나라가 지내온 일들을 살필 것 같다.

"자, 지금 나가는 종이에 교과서 처음부터 통일신라까지 앞면에, 고려시대를 뒷면에 차례대로 정리해 봐요. 가운데 줄을 긋고, 교과서를 보며 글과 그림으로 꾸며 보는 거죠. 아, 그런데 이건 혼자서 하지 말고 둘이서 같이 하세요. 물론 혼자서 하는 게 더 편한 사람은 혼자서 해도 괜찮아요."

3월과 4월에 사회 시작 때마다 칠판에 그리며 했던 활동이다. 5월에는 스스로 한 번 했었다. 그런데도 또 처음 하는 기분이 들 수밖에 없다. 그렇게 도화지는 교과서가 되었다.

"그럼 자리 옮겨도 되죠?"

그러라고 하니 좋다며 끼리끼리 모여(몇은 내가 도와) 한다. 교과서를 펴고, 지금까지 해 온 생각그물을 펴고서 채워간다. 그래도 웃으며 하니 다행이다. 오후에 미술 시간까지 이어서 한다. 이렇게 함께 하니 그나마 잠시라도 시험이나 문제에 대한 부담감이라도 벗을 수 있는 것 같다. 물론 학원에 가면 또 외우고, 외우고 하겠지만.

2013년 7월 10일 수요일
"애썼다. 얘들아"

요 며칠 마음이 어수선하다. 시험으로 늘 힘들어하는 아이들 모습에.

"우리 결과에 매달리지 말자. 그 결과가 이번에 좋지 않다고 낙담하지도 말자. 우리에게는 다음이 또 있잖아. 이번에 못 보면, 다음에 더 잘 볼 수 있는 것이지. 결과에 매달리지 말고 그냥 하루하루 열심히 놀고 공부하며 살자. 시험이 다가오지만 날마다 하는 것에 시간 아까워하지 말자. 이럴 때일수록 일기 쓰며 하루를 돌아보고, '내 삶' 공책에 하루 공부 정리하고, 기타 동아리는 기타 배우는 시간에 스트레스 풀고. 그렇게 늘상 하던 것에 계속 충실하자."

'이렇게 아이들 마음만 편하게 해 준다고 뭐 달라지나' 하는 생각이 들다가도, '그래, 마음이라도 편하게, 생각이라도 달리 가지면 좋겠다'는 생각이 든다.

아침에 아이들 마음이 조바심이 나고 떨렸겠지. 나도 그랬다.

시험이 5분 남았다.

"자, 오늘 글똥누기는 지금 마음을 글로 담자. 여기에 써 보렴."

이면지 자른 종이를 건넨다. 아이들이 글을 쓰는 사이, 나는 기타를 든다. "해마다 시험 때면 이 노래를 불러줬어. 여러분에게도 불러줄게" 하며 〈꿈꾸지 않으면〉 노래를 한다. 정성껏 노래 부르려 애쓴다. 작년에는 글을 쓰고서 눈을 감고 노래를 들었는데, 올해는 글을 쓰며 듣는다.

노래를 마치니 시험 시작을 알린다. 시험지를 나누고서 아이들이 쓴 글을 모아서 본다. 아이들 글에 지금 마음이 고스란히 담겼다. 이런 글은 어른들이 봐야 한다. 시험이 있어야 한다고 주장하는 어른들, 아이들에게 시험으로 높은 점수를 강요하는 부모들, 그리고 나처럼 시험으로 아이들을 내몬 선생들이 봐야 한다. 어린 우리 아이들 마음이 얼마나 아픈지 느껴야 한다.

아이들이 쓴 글을 모아서 오늘의 '영근샘 편지'를 대신한다.

진짜 떨린다.

시험은 최선을 다 해서 볼 것이다.

점수에 매달리지 않고 만족할 것이다.

시험 마치고 놀 거라 행복하다.

내가 쓰는 글을 아이들은 시험 중간중간 본다. 그래. 똑같은 마음일 것이니.

그렇게 오전 네 과목(국수사과)을 모두 보았다. 마지막 5교시는 영어다. 시험을 빨리 풀었다. 시험지를 걷고서 "시험 마쳤으니 우리 함께 노래 부르자" 하며 기타를 꺼냈다. 〈꿈꾸지 않으면〉을 부르고, 빠른 노래로 〈구만이〉를 목청껏 불렀다. 그렇게 우리에게 온 시험을 보냈다.

"자, 오늘도 청소는 내가 할게. 인사하자."

아이들이 외친다. "와. 영근신. 영근신!"

나는 두 손을 모아 합장하며 인사했다.

'애썼다. 얘들아.'

비를 다스리는 영근신

◇◇◇◇◇◇◇◇◇◇◇◇◇◇◇◇◇◇◇◇◇◇◇◇◇◇◇◇◇◇◇◇◇◇◇◇◇◇◇

첫째 시간에 국어 공부를 하는데 창 너머로 비가 정말 많이 내린다. 창 너머 집들이 흐릿하게 보일만치 많이 내리는 비다. 가만히 있을 애들이 아니다.

"선생님, 비가 너무 많이 와요. 안 돼."

"왜? 이렇게 비가 많이 오니까 좋잖아. 난 좋아."

"그게 아니라 지금 며칠째 체육 수업을 운동장에서 못 하고 있거든요."

오늘 둘째 시간이 체육이라 잔뜩 기대하던 아이들이 내리는 비로 교실에서 수업하게 되었으니 비가 싫을 만도 하다. 마음을 풀자.

"그래? 그럼 오후에도 비가 오면 우리 비 맞으러 나가서 놀자. 그러면 되잖아?"

"그래도요. 그거랑은 다르죠."

"그럼 비 노래라도 부를까?"

"〈비와 당신〉 해 줘요."

광탁이가 앞에서 맞장구를 친다. 이렇게 한둘이 맞장구를 치면 분위기가 금세 바뀐다. 비를 원망하던 모습은 가고, 무슨 노래를 부를지에 관심을 보인다. 이번 주 노래인 〈사랑했지만〉을 편다. 노랫말에 비가 있으니 잘 맞다.

"어제는 하루 종일 비가 내렸어~"까지 부르고서 노래를 멈춘다.

"그게 뭐예요?"

"아니. 비 이야기가 여기까지 있어."

"하하하."

어설픈 신, 해를 불러보다

아이들이 웃도록 하려는 내 바람이 맞아떨어졌다. 광탁이가 바라던 노래를 편다.

"이젠 당신이 그립지 않죠. 보고 싶은 마음도 없죠. 사랑한 것도 잊혀가네요. 조용하게. 알 수 없는 건 그런 내 맘이 비가 오면~" 하고 멈춘다.

또 아우성이 대단하다.

"그거 있잖아. 〈비 오는 날 일하는 소〉"

동현이가 옆에 있는 유석이에게 두 주 전에 불렀던 노래를 말한다.

"그래. 그거 부르자. 〈비 오는 날 일하는 소〉 그럼 시작할게.

"비가 오는데도 어미 소는 일한다. 비를 다 맞으며 어미 소는 일한다….."

"그것도 해 줘요. '비가 온다 뚝뚝' 이요."

〈비가 온다〉도 부르고 〈비 오는 날〉도 불렀다. 〈비 오는 날〉은 노랫말을 계속 만들어 부를 수 있다. 노랫말이 이렇다. '오늘은 (해님 안 떠요) 비오는 날이에요. 오늘은 (해님 안 떠요) 비 오는 날이에요'에서 괄호 안에는 노랫말을 바꿔서 부를 수 있다. 그쯤에서 노래를 멈추니 앞에 앉은 소희가 돕는다. (바람 불어요), (파전 먹어요) 따위로 몇 개 넣어서 부른다. 아이들은 그 중 '설빈이 방구 뀌어요'에 가장 반응이 좋다.

"샘이 비 노래 자꾸 부르니까 계속 비가 오잖아요. 샘은 신이니까 비 멈추게 해 봐요."

"그래? 그럼 내가 비를 멈추게 해 주지. 내가 이 노래를 부르면 비가 멈출 거야. 지금 시각이 9시 40분이 다 되었는데 10시 전에는 그칠 거야" 하며 노래책을 편다. 그리고 마그마의 〈해야〉를 부른다. 해를 부르는 노래다.

"어둠 속에 묻혀 있는 고운 해야…"

물론 이렇게 굵은 비가 그칠 것이라 생각하는 아이들은 없을 게다. 그러면서 노래하는 사이사이 창문을 본다. 행여나 하는 게다. 나도 노래 중간중간 본다. 그러다가 종이 쳤다. 종이 나를 살린 게다. 기타를 내렸다. 노래 부르며 머리를 썼더니 쉬고 싶다.

"선생님, 비가 그쳤어요."

정말 비가 잦아들었다.

"봐. 비가 그쳤지?"

"아뇨. 아직 오기는 해요."

창가로 가서 보니 어느 틈엔가 보슬비로 바뀌어 내리고 있었다.

아쉽게도 보슬비와 젖은 운동장 사정으로 체육은 교실에서 했다. 비를 잦아들게는 했지만 해를 부르는 데는 실패하는 어설픈 신인 게다.

2013년 7월 16일 화요일

야무진 마무리

<><><><><><><><><><><><><><><><><><><><><><><><><><><><><><><><><>

"우리 방학 때까지 하루에 하나씩 뭔가 해 보자."

그래서 몇 가지 정했다.

17일(수): 마니또 정하기

18일(목): 모둠별 음식 만들기

19일(금): 야심햇살, 물싸움

22일(월): 돌아보는 1학기(10대 사건), 도전 25곡

23일(화): 작은 학예회

24일(수): 아침햇살, 마니또 발표, 방학식

무엇이든 즐겁기 위해서는 함께 하는 사람이 즐거워해야 한다.

마음 먹기 나름이다.

잘 놀길 바란다.

2013년 7월 22일 월요일

도전 25곡

◇◇

음악 시간이다.

"자, 지금부터 10분 시간을 줄 테니 정한 스물다섯 곡 다시 외우세요."

웅성웅성. 정말 시끄럽다.

"이제는 정한 스물다섯 곡에 1번부터 25번까지 번호를 붙이세요. 컴퓨
터로 번호를 돌려 뽑힌 노래를 부를 테니까요."

그렇게 준비하고서 '도전 25곡'을 시작한다. 우리 반이 1학기에 아침마
다 부른 68곡 가운데 아이들이 25곡을 지난주부터 골랐다. 그리고 이렇
게 '학기 말 야무진 행사'로 즐긴다.

"잘 알다시피 잘했다고 상품, 없어요. 못했다고 나무라는 거, 없어요. 그
냥 즐기세요. 지난번에 편지로 썼듯 마음먹기에 따라 즐거움의 크기는

달라요. 자, 그럼 시작할게요."

컴퓨터로 여섯 모둠의 차례를 뽑는다. 가장 큰 목소리로 놀랄 때는 자기 모둠이 뽑힐 때다. 아마도 가슴이 콩닥콩닥 하겠지. 가장 먼저 뽑힌 모둠은 5모둠이다.

"자, 텔레비전 앞에서 친구들을 보고 서세요. 여러분은 뒤를 돌아보면 안 돼요."

이어 반 아이들에게도 알린다.

"자, 여기에 우리가 보던 파워포인트 노랫말이 있어요. 여러분은 이 노랫말을 보며, 노랫말에 맞게 부르는지 잘 보세요. 심판을 함께 보는 거니까요."

그렇게 5모둠이 처음으로 노래를 시작한다. 플래시 프로그램으로 1번에서 25번 중에 있는 숫자를 뽑는다. 첫 번째는 8번이다. 노래는 〈사람이 꽃보다 아름다워〉였던 것 같다. 조금은 위험한 상황도 있었지만 끝까지 성공한다. 이렇게 5모둠은 시작과 함께 다섯 곡을 이어서 성공한다.

"5모둠은 성공."

다섯 곡을 모두 성공한 5모둠이 당당하게 들어가고서 6모둠이 나온다. 6모둠은 한 곡을 성공한 것으로 기억한다. 그리고 다른 모둠도 한 곡에서 두 곡 정도 성공이다. 한 곡도 성공하지 못한 모둠도 있었다.

틀려도, 맞아도 즐겁게

노래를 다섯 곡 성공하든, 못하든 모두가 즐긴다. 틀리면 틀려서 웃으며 손뼉 치고, 맞으면 잘한다고 손뼉 친다. 그러며 자기들이 좋아하는 노래가 나오면 함께 흥얼거리는 아이도 있다. 아직 하지 않은 모둠 아이들은 다른 모둠에서 뽑은 번호에 있는 자기들 노래는 무엇인지 살피며 나름 준비로 바쁘다. 몇몇은 눈을 크게 뜨고 틀리는지 본다. 오늘 밥친구 소희는 사진 찍는다고 바쁘다.

"자, 5모둠이 다섯 곡으로 가장 잘했네요. 우리 손뼉 한 번 쳐 줘요. 그리고 지금 시각이 12시 10분 밥 먹을 시각이지만, 오늘 4교시라 밥 먹고 바로 집에 가는 날이니, 노래 한 곡 함께 부르고 밥 먹어요. 밥친구 소희, 어떤 노래 부를까요?"

(망설임 없이) "〈여행을 떠나요〉!"

땀이 몸으로 흘러내리며 신나게 기타를 친다.

"푸른! 언덕에!"

"잠시만요. 고함이 아니고 노래예요."

이런 추임새는 사실 고함을 누그러뜨리지 못한다. 노래하지 않던 아이들까지 노래를 하도록 하는 추임새다. 나도 어쩜 그걸 바란다. 갈수록 소리는 더 커진다. 보통 때 노래를 잘 부르지 않거나 작은 소리로 하는 아이도 제 목청껏 노래한다. 물론 남학생 몇은 나를 잡아먹을 듯 큰소리로 노래한다. 마지막은 정말이지 교실이 터질 것 같다. 그래서 좋다.

"메아리 소리가 들려오는…" 노래는 멈추지 않는다.

"얘들아, 다른 반…"

"계곡 속에 흐르는 물 찾아…"

"애들아, 다른 반 밥…"

"그곳으로 여행을 떠나요."

그렇게 두 번을 더 부르더니 멈춘다.

2013년 7월 23일 화요일

일등이 없는 학예회

"선생님, 학예회에 두 개 해도 돼요?"

"아니. 하나만 하자."

"선생님, 다른 모둠과 함께 해도 되죠?"

"그럼."

"선생님, 교실에서 할 거예요?"

"그래야겠네. 비가 오니."

학예회 할 때까지 이렇게 많이 묻는다. 그만큼 기다리는 게다. 지난 주 목요일에 오늘 하는 학예회를 안내했다.

"자, 다음 주 화요일에 학예회를 할게요. 모두가 참가하도록 하고, 한 시간 할 터이니 혼자이든 여럿이든 준비하도록 하세요. 무엇을 할 건지 스스로 결정하도록 하세요."

셋째 시간인 수학을 마치고 학예회를 준비한다. 학예회 준비라고 해도 별 게 없다. 아니 아무것도 없다. 잠시 고민한 것은, 어디를 무대로 할지, 어떤 차례로 할 것인지 정도였다.

먼저 책상을 뒤로 다 밀고, 바닥에 앉는다. 처음에 생각한 무대는 칠판 쪽이었는데, 내 컴퓨터 책상이 있어 창가에 앉은 아이들이 보기에 좋지 않다. 그래서 화분이 놓여 있는 창 쪽을 무대로 한다. 그리고 파워포인트에 '참사랑땀 어울림 잔치'라 써 띄우고 시작한다.

"자, 그럼 지금부터 참사랑땀 어울림 잔치를 시작하겠습니다."

"와!"

"차례는 우리가 늘 쓰는 뽑기 프로그램으로 정하도록 하겠습니다. 가장 먼저 발표할 사람은, (쑤웅) 현진."

웃으며 참여하는 아이들, 그리고 머쓱해 하는 아이들

고개를 숙이고 뭔가(늦게 나와 달라고 했으려나) 간절하게 바라는 것 같던 현진이와 현서, 그리고 권유민이 기타를 들고서 나왔다. 권유민이 기타를 치고, 둘이 노래한다. 노래는 〈민들레〉(서정홍 시, 한승모 작곡)다. 그렇게 첫 무대를 연다. 아이들은 손뼉을 치며 응원한다.

학예회에서 보이는 모습을 몇 장면 잡아두자. 현수가 박자에 맞춰 머리를 앞뒤로 하며 기타 치면서 노래한다. 그 모습이 아이들 눈에 잡혀 하나같이 머리를 앞뒤로 하며 손뼉을 친다. 현수는 작게 흔드는데 손뼉 치는 아이들은 과장해서 크게 흔든다. 그러며 웃는다. 민성이와 재원이가 아직 부끄러움이 많은 편이라 작은 소리로 부르고, 기타 치는 광탁이랑 첫 시작을 맞추질 못한다. "괜찮아. 괜찮아"를 외치는 아이들이다. 승민이와 은진이 오카리나와 기타 연주에 다현이와 진솔이 노래가 끝나 손뼉을 치려는데 둘이 악기를 놓고서 노래하는 둘 옆에 선다. 그러더니 율동을 하며 노래를 한 번 더 부른다. 그렇게 연습했던 게다. 연습했던 것을 그대로 보일 수 있다는 게 용기다. 이로가 혼자서 노래를 부르니 더 크게 손뼉을 치며 함께 노래 불러주는 아이들이다.

마지막 무대는 준비를 못한 백지은과 정유민을 나오게끔 했다. 학예회 동안 둘만 무대에 서지 않은 게 못내 아쉬웠다. 어떻게든 경험은 해야지.

"내가 기타 칠 터이니 둘이 노래하자. 노래는 〈여행을 떠나요〉 부르자."

"가사 잘 몰라요" 하며 뺀다.

"괜찮아. 몰라도 아는 만큼만 불러. 같이 부를 거니까."

두세 번 더 빼더니 무대에 선다. 조금 머쓱해한다. 미리 말해주고서 준비시켰어야 하는데, 그건 아직 내가 더 채워야 할 빈틈이다.

모두가 큰소리로 손뼉 치며 노래한다. 뒤에서 정수민과 나현이는 일어서서 온몸을 흔들며 노래한다. 앉아 있는 아이들도 신나게 노래 부른다. 앞에 서 있는 둘도 끝까지 아는 곳은 노래한다. 그렇게 우리 반 1학기 학예회 마지막 무대를 마쳤다.

"자, 이것으로 참사랑땀 어울림 잔치를 마칩니다. 2학기에도 잘 준비해 멋진 무대로 꾸미길 빕니다. 안녕!"

"와!"

그렇게 함께 웃으며 마쳤다. 일등을 뽑지 않았다. 못했다고 말하지 않았다. 그냥 뽐내는 자리일 뿐, 경쟁하는 자리가 아니었기 때문이다.

방학하는 날

학부모님들께 드리는 편지를 썼다. 편지에는 우리 반 공통과제(봉숭아 물들이기, 왕자—공주 안 되기, 버릇들이기, 까맣게 타기)에 대한 설명 글을 보탰다.

인쇄를 하고, 봉투를 구해 아이들에게 통지표와 함께 편지를 주고서 넣게 했다.

"편지와 통지표를 부모님께 드리세요. 통지표에는 잘하는 것과 더 다듬으면 좋은 것을 함께 썼으니 읽고서 참고했으면 해요."

방학식을 첫 시간에 한다. 방학식을 상 주는 걸로 시간을 다 보낸다. 그러니 애들은 집중할 수 없다. 마음도 들떠있는 아이들이지 않는가. 그래서 "얘들아, 어제 나눠준 방학 계획 준비 종이 내어서 다듬어 보렴." 한다.

방학식을 마치고서 방학계획서 만들기를 한다. B4 종이를 주고서 집에서 미리 준비한 자기 계획서(과제, 공부, 운동, 놀이 영역에 몇 개씩 할 것을 넣었다)를 담게 한다. 양식이 없다. 자유롭게 하도록 한다. 달력으로 하는 아이, 일주일을 만들고 시간별로 할 것을 쓰는 아이, 익숙한 생각그물로 하는 아이, 나눠준 양식처럼 칸을 나눠서 쓰는 아이들이 있다. 어떻게 할지 모르는 아이들은 다른 아이들이 하는 것을 보면서 만든다. 함께 알아야 할 것은 다시 알려준다.

"자, 방학에 아침햇살을 하루 해요. 8월 8일 7시 30분이고, 장소는 정문으로 할게요. 기타 동아리 연습은 8일 오전 10시, 점심 먹고서 오후 2시 그리고 23일 오후 2시이니 써 두세요. 24일 충주 무너미에서 공연하는데 갈 사람은 두 번의 연습을 보고서 정할게요."

아이들은 다시 열심히 만든다. 나는 확인표를 만든다. 날마다 한다고 한 것을 확인할 수 있길 바라는 마음에서 만든다.

"지금까지 계획을 세웠으니 이제 무엇을 해야 할까요?"

"실천요."

"그래요. 그래서 실천한 것을 확인할 수 있는 표를 만들었어요. 그걸 나눠줄 텐데 어제 계획서와 똑같이 생겼으니 한다고 한 것 쓰고, 하고서는 날마다 결과를 남기도록 하세요."

마니또가 운명이다

"자, 그리고 마니또를 발표하도록 할게요. 첫 번째만 뽑으면 그 사람 마니또가 자기 마니또 말하고, 그 사람이 자기 마니또를 말하면 되는 거죠. 그럼 시작할게요."

우리가 마니또를 시작하며 쓴 종이가 있다. 그리고 그 종이를 보며 마니또에게 줄 선물을 준비하기로 했다. 500원에서 1000원으로 준비했다. 물론 모두가 준비한 것은 아니다. 준비하지 못한 아이는 2학기 시작하면서 주기로 했다. 《듣말쓰》 책에 있는 편지지와 편지봉투를 활용해 마니또에게 편지도 줬다. 물론 편지도 준비하지 않은 아이도 있다.

어떤 아이는 마니또가 누구인지 알기도 하고, 누구인지 몰랐다가 알면서 놀라기도 한다. 물론 놀리는 "우와~"가 가장 많다. 여학생이 남학생이거나, 남학생이 여학생일 때는 여지없이 "우와~" 하며 웃음 섞은 손뼉을 친다. 5학년이니 그럴 만도 하다.

나를 마니또로 한 아이는 정유민이다. 며칠 전부터 다른 여학생들이 정유민이 나를 마니또로 뽑아 화가 많이 났다고도 말하며 어찌나 웃으며 좋아라 하던지 알고 있었다. 나를 좋아하지 않는다고 가장 드러내고 표현하는 정유민이 내 마니또라는 게 운명이다.

"나에게 뭘 해 줬죠?"

"네. 볼펜을 키보드에 뒀고요. 편지 썼어요."

그러고보니 빨간 볼펜이 내 키보드에 있었다. 그게 내 마니또가 준 것이었구나.

유민이가 편지를 준다. 편지 내용은 역시나 나를 뽑아 싫었다는 내용이다. 변함없는 모습에 웃음이 난다.

다음은 내 마니또 발표다. 아이들은 모두가 내 마니또로 광탁이라 그런다. 그러나 내 마니또는 유승민이었다. 아이들이 모두 놀란다. 승민이도 놀란다.

"내가 승민이를 위해 한 것은 날마다 내 일기에 승민이가 나와요. 그리고 영근샘 편지(칠판에 날마다 쓰는 내 편지)에 '유승민신'으로 쓴 것을 오늘까지 계속 뒀잖아요."

"아, 난 샘이 쓰기 싫어서 그대로 둔 건 줄 알았는데."

"그리고 어제 책상에 형광펜 뒀고, 승민이가 받고 싶어 했던 종합장과 편지는 여기요." 그렇게 내 마니또에게 선물을 줬다. 승민이에게 물으니 정말 몰랐단다. 좋아하는 것 같아 나 또한 좋다.

이렇게 마지막으로 우린 사랑을 나눴다.

"자, 방학에 아프지 말고 건강하게 잘 놀아요. 자기에게 모자란 공부도 하고요. 자, 그럼 방학 잘 보내세요. 끝."

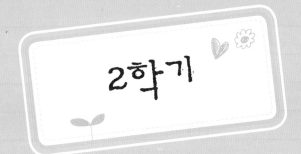

2학기

06

8월 - 9월
칭찬하기

'칭찬은 고래를 춤추게 한다'는 말은 정말 맞는 말인 것 같습니다. 요즘 아침에 배드민턴을 배우는데, 강사분이 "자세가 좋으세요" 하는 말에 하루 종일 기분이 좋으니 말입니다. 이번에는 학생들에게 칭찬하는 참사랑땀반 이야기를 해 보겠습니다.

스티커 보상?

많은 교실에서 칭찬으로 스티커 보상을 활용합니다. 잘한 행동을 보이면, 눈에 보이는 보상물인 스티커를 붙여줍니다. 그 스티커가 쌓여 많아지면 더 큰 보상을 해 줍니다. 그러면서 선생님들 나름의 목표(급식 남기지 않기, 책 날마다 읽기, 일기 쓰기 따위)를 이룹니다. 눈에 보이는 보상물이 있으니 꾸준하게 운영하면 학생들이 정말 열심히 참여합니다.

　무엇이든 제대로 할 때는 좋지만, 그러지 못하면 하지 않으니만 못할 때가 많습니다. 스티커 보상도 그렇습니다. 학기 초에 스티커 보상으로 열심히 운영하다가 그만 두는 교실이 참 많습니다. 스티커 보상의 무엇이 문제이기에 선생님들을 지치게 하는 것일까요? 그 까닭을 스티커 보상으로 운영하는 많은 교실에서 드러나는 아쉬운 모습 몇 가지에서 찾아보겠습니다.

잘하는 학생만 받는 스티커

　기존 스티커 보상은 잘하는 학생들만 보상을 받을 확률이 높습니다. 독서 스티커 보상을 운영할 때 우리 바람은 책을 좋아하는 아이건 책을 싫어하는 아이건 책을 많이 읽길 바랍니다. 그런데 스티커를 꾸준하게 받는 아이들은 책을 잘 읽는 아이들입니다. 책을 잘 읽지 않던 아이들은 읽지 않던 버릇과 읽는 속도가 늦어 스티커 한 장 받기가 쉽지 않습니다. 그러니 자기 스티커 판은 휑하니 비었습니다. 그 판을 볼 때마다 마음은 위축됩니다. 행여나, '나는 안 돼.' 하고 포기해버리지나 않을까 걱정입니다.

　또 스티커 보상을 제대로 하지 않으면 학생들 스스로 하도록 하는 동기유발로는 한계가 있는 것 같습니다. 스티커가 쌓이면 선물을 주거나 상을 주는 학교나 교실인 경우, 이 스티커 보상을 멈추면 학생들 원망이 큽니다. 보상을 바라는 마음이 마음 한구석에 자리매김해버렸기 때문입니다. 그러니 학급 분위기가 좋지 않게 되고 담임과의 믿음도 깨질 수 있습니다. 또한 스티커로 상을 주면, 상을 받지 못하는 대부분의 학생들은 자기들의 노력에 상처를 받을 수 있습니다.

물론 제대로 운영하는 선생님들이 많으십니다. 꼼꼼하게 잘 챙기시는 분도 많으십니다. 그와 달리 우리 반은 위와 같은 아쉬움과 꼼꼼하지 않은 제 성격 탓에 스티커 보상을 하지 않고 조금 다르게 칭찬하고 있습니다.

관심, 그리고 말과 글로 하는 칭찬

우리 반에서 가장 큰 칭찬은 말입니다. 책을 읽는 시간에 책을 열심히 보면, 지나가며 머리를 쓰다듬거나 어깨를 토닥거립니다. 그러며 "책에 푹 빠졌군" 하며 작게 말합니다. 대부분은 아무 반응 없이 읽지만, 어떤 학생은 볼이 빨개집니다. 몇몇 여학생은 이런 칭찬 말을 할 때 거부반응을 보이기도 합니다. 그럴 때는 그 여학생의 일기장에 해 줄 칭찬을 한 줄 써 둡니다. 가끔은 문자로 하기도 합니다.

이렇게 개인에게 하는 칭찬과 함께 학급 전체 앞에서 칭찬하는 시간을 갖기도 합니다. 책 읽는 시간을 마치고서는 "와, ○○ 정말 열심히 책 보네"라고 책 열심히 보던 학생들을 대놓고 칭찬합니다. 다같이 크게 손뼉을 쳐 주기도 합니다. 이렇게 칭찬하니 저도 좋고, 아이들도 좋아합니다. 그런데 제가 본 것이 다가 아닐 때가 많습니다. 그래서 한 마디 더 보탭니다. "지금 내가 말한 사람들 말고 자기가 생각할 때 '난 열심히 책 읽었다' 하는 사람도 손 들어볼래요?" 하고 묻습니다. 그럼 손을 듭니다. 그럼 "그래. 미안. 누구와 누구도 칭찬할 게요" 합니다.

또, 잘한다는 말을 다르게 풀어 칭찬하기도 합니다. 잘한다는 잣대가 하나일 수 없습니다. 어떤 학생은 무슨 책이든 쉽게 집중하며 잘 봅니다. 우리가 바라는 책 읽는 모습입니다. 그러니 그 모습 그대로 칭찬해야 합니다. 다른 어떤 학생은 책을 내어서는 보다가 딴생각하다가를 되풀이합니다. 그럼 이 학생은 칭찬이 아닌 꾸중을 들어야 할까요? 그렇지 않습니다. 이 학생은 이 정도 읽는 것만도 한 달 전보다 훨씬 좋아진 겁니다. 둘은 칭찬할 수 있는 잣대가 다릅니다. 그러니 둘 모두 칭찬을 받을 자격이 있습니다.

'오늘의 사랑이' 칭찬하기

우리 반에서 모두가 함께 드러내고 칭찬하는 시간은 '알림장을 쓸 때'입니다. 바로 알림장에 쓰는 '오늘의 사랑이' 추천 시간입니다. '오늘의 사랑이'는 오늘 하루 살며, 고마웠던 친구를 드러내며 칭찬합니다. 제가 "자, 오늘의 사랑이 추천하세요" 하면, 학생들은 손을 듭니다. 손을 든 학생들은 돌아가며, "○○요. 자기 물 나눠줘서 마셨어요", "□□요. 지우개 빌려줬어요" 하며 고마웠던 친구들 이름을 부릅니다. 그럼 그 이름을 저는 알림장 '오늘의 사랑이'에다 써 줍니다. 이름만 씁니다. 한 학생이 여러 친구를 부르기도 합니다. 그러니 한 학생이 몇 번이나 사랑이로 불리기도 하고, 가끔은 우리 반 모두가 사랑이로 이름이 나옵니다. 별 것도 아닌 것 같은 아주 작은 칭찬이지만, 자기 이름이 사랑이로 불리는 학생들은 참 좋아합니다. 하루를 지내며 고마웠던 마음도 나누고, 칭찬 받는 자기 행동에 보상도 받는 소중한 우리 반 활동 시간입니다.

이렇게 쓴 알림장 내용은 학급누리집에 고스란히 올립니다.

2013년 7월 16일 화요일
1. 읽기, 수학, 영어, 사회(2)
   마니또(몰래 천사) 내일 시작
   목:음식 만들기
   금: 아침햇살, 물놀이
   기타 가져오기(14:00)
2. '내 삶' 생각그물 해 오기
3. 일기 날마다 쓰고 냅니다.

4. 오늘의 사랑이 : 서연, v준환, v정지은, 정지은, 현서, 준환, 재민, 정수민, 현진, 은진, 민성, 솔, 현수, ♣설빈, ♣권유민, ☆신이, ○서연, 다현, 솔, 채현, 은진, 현서, 채현, 이로, 정수민, 민성, 정지은, 솔, 현진, 다현, 솔, 서연, 채현, 은진, 현진, 정지은, 준환

저도 가끔 알림장에 따로 글을 써 학생들을 공개로 칭찬하기도 합니다. 학생들은 그 칭찬에 좋아라 반응합니다.

2012.09.17. 칭찬합니다.

영근샘   09-17 13:35 | HIT : 45

오늘 사회 발표에서 제대로 준비한 1모둠을 칭찬합니다.
지각하지 않은 스물일곱의 사랑이를 칭찬합니다.
주말과제를 한 스물둘의 사랑이를 칭찬합니다. 특히, 자세하게 쓴 신지우 칭찬합니다.
톱을 챙긴 호진, 태회, 예찬, 다빈이를 칭찬합니다.
장갑을 가지고 온 알아꿈의 사랑이를 칭찬합니다. 특히, 땀꿀 칭찬합니다.
수업을 마치고서 "꿈이 해요?" 하고서 할 일을 챙긴 꿈이를 칭찬합니다.
아침에 청소와 굴뚱누거를 한 스물넷 사랑이를 칭찬합니다.
점심 배식을 꼼꼼하게 잘 한 4모둠을 칭찬합니다.
태풍 단축수업으로 집으로 간사랑이(?)를 칭찬합니다.
영어 시간 수업을 잘 들은 사랑이(?)를 칭찬합니다.
오늘의 사랑이 석현(2), 태회, 신지우(2), 예찬, 병현(2), 유찬, 하늘, 해린, 화영, 다빈이를 칭찬합니다.
오늘의 사랑이를 추천한 사랑이들을 칭찬합니다.
리코더를 챙겨 온 사랑이를 칭찬합니다.

학생들도 댓글로 칭찬을 해 줍니다.

전설의(★) 예찬	우리들을 가르쳐 주신 선생님을 칭찬 합니다. ㅎㅎ 앞으로 더 잘해야지~ 내가 댓글 일등!!! 기분 좋다.	09-17
부정의✕성준	선생님을 칭찬합니다 바른 길로 인도에 주신 것에 칭찬합니다.	09-17
김인호	우리반 애들을 추천합니다. 6학년 학급 중 가장 즐거운 학급을 만들어 주어서 ㅋㅋㅋㅋㅋㅋㅋㅋ	09-17
이지훈(未來(圈))거	ㅋㅋㅋㅋㅋㅋㅋㅋ 댓글쓴 사람이 청찬한댄ㅋㅋㅋ	09-17
이지훈(未來(圈))거	선생님의 일기에 웃은 사람을 칭찬합니다.	09-17
지우(최)	일기를 매일매일 꼼꼼히 쓰는 영근샘을 칭찬합니다.	09-17

칭찬 나누기

우리 반에는 모두가 함께 나눕니다. 칭찬할 일이 있으면 그때그때 칭찬하는데, 칭찬으로 눈에 보이는 보상물을 주지는 않습니다. 예전에는 사탕이나 과자, 먹을 것(비타민이나 콩, 멸치 따위)을 줘 보기도 했지만, 그것으로 학생들의 칭찬받을 행동을 내면화하지 못한다는 생각에, 무엇보다 받지 못하는 학생들 마음을 헤아려 지금은 거의 하지 않고 있습니다.

그래서 요즘은 칭찬으로 무엇인가를 줄 때, 또는 무엇인가 먹을 것이 생길 때는 모두에게 주거나 모두가 나눠 먹습니다. 1학기에는 집에서 가져온 삶은 감자 여섯 개로 우리 반 모두가 나눠 먹었습니다. 사과 하나로 서른 조각을 내어 나눠 먹기도 했습니다. 아주 얇은 사과 한 조각이 아까워 빨아 먹는 학생들 모습이 어찌나 귀여운지 모릅니다. 6학년 때 4인 모둠에 에이스 과자 하나씩을 줬는데 그 과자로 네 조각을 내어 모두가 먹기도 했습니다.

가을이면 과일이 많이 나옵니다. 저부터 집에서 사과나 배를 준비해 와 조각내어 나눠 먹습니다. 그러며, "집에서 나눠 먹을 것을 가져오면 함께 나눠 먹도록 할게요" 하면 학생들도 한둘 먹을 것을 가져옵니다. 물론 바른 먹을거리로 준비합니다. 생고구마를 가져오기도 했습니다. 그럼 영어나 체육 전담 시간으로 학생들이 공부하러 간 사이에 저는 빈 교실에서 고구마를 삶아 둡니다. 전담 공부를 마치고 오면, 고구마는 모둠에 하나씩 주며 나눠 먹습니다. 적은 양이니 껍질 채 먹는 학생들이 대부분입니다. 감자도 가끔 삶

아서 나눠 먹습니다. 밤도 삶아 먹는데, 한 사람에 하나씩 줍니다. 썩은 밤을 고른 학생들도 복불복이라 어쩔 수 없습니다. 그런 것도 재미나다며 좋아합니다.

이밖에도 우리 반 칭찬으로는 '이티ET' 칭찬이 있습니다. 제가 "○○, 칭찬" 하며 주먹 쥐고서 검지손가락을 내밀면 칭찬 받을 학생도 똑같이 손동작을 합니다. 그렇게 마치 영화 《ET》에서처럼 둘이 검지손가락를 내밀고 있는 모습이 됩니다. 그때 저는 칭찬할 학생의 눈을 봅니다. 서로 눈을 마주치는 칭찬입니다. 먼발치에서 검지손가락만 들고 눈만 마주치는 데도 기분 좋은 칭찬입니다. 이티 칭찬에서 가장 큰 칭찬은 제 검지손가락과 학생의 검지손가락이 맞닿는 것입니다. 또 '사랑의 하트'도 있습니다. 제가 "○○, 칭찬" 하며 두 손으로 하트를 만들어 제 눈에서 출발해 앞으로 두 손을 뻗습니다. 그러면 여학생은 "안 돼!" 하며 책상 아래로 숨기도 합니다.

이렇듯 아주 작지만 그때그때 칭찬하며 산답니다.

2013년 8월 27일 화요일

2학기 첫날

오늘 아침 글똥누기는 하나 같이 개학 이야기다. 그래도 대부분 친구들 만나서 좋다는 얘기다. 그래. 살아가는데 지금 함께 하는 친구들, 앞으로 새롭게 만날 친구들, 그 친구들과 함께 웃으며 살아야지. 그러며 힘든 시간이 있을 때 이겨내야지. 물론 친구가 꼭 사람이 아닐 수도 있지. 그래도 사람이면 더 좋겠고.

빙 둘러 앉아 '여름방학 이야기'를 모두 마치고, 봉숭아 손에 물들인 거 확인하고, 얼굴 까맣게 태운 이야기 듣고, 버릇 고치기로 한 이야기를 나눴다.

"우리 노래 좀 부르고 할까? 오늘은 교과서는 못 볼 것 같다. 그냥 이야기 나누고, 노래 부르고, 다른 과제 살피고 마치자."

노래를 불렀다. 오랜만이라 그런지 정성껏 잘 들으며 흥얼거린다. 마지막에 밥친구 솔이를 위한 노래를 부르고서, "혹시 방학에 생일이었던 사람 있니?" 하니 세욱이가 생일이었단다. 불러내어서는 노래를 불러줬다. 자꾸 싱긋싱긋 웃는다. 가벼운 세욱이, 노래를 마치자마자 두 팔로 안았다. "자, 생일 축하 노래 하자" 하고서는 교실을 한 바퀴 돌았다.

잠시 시간이 남아 사연이 있는 카페로 신청곡 받으며 노래도 마쳤다. 아이들의 큰 웃음에 난 잔잔한 웃음, 아이들의 신나게 놂에 난 '바라보기', 아이들의 수다에 난 '들어주기', 아이들 모습에 난 '살펴보기'로 첫날을 조용하게 마쳤다.

또 한 걸음 한 걸음 내딛으며 살아야한다.

아이들과 헤어지고서는 2학기 교과서를 살폈다. 제대로 보지 못하고 개학을 했으니. 도덕 책으로는 논제와 의제, 활동거리를 찾았다. 국어는 단원 차례 재구성과 관련해 읽을 책과 묶어서 공부할 내용으로 살폈다. 수학은 쉽지 않다. 이번 주는 교과서를 계속 살펴야겠다.

2013년 8월 30일 금요일

모든 게 놀이다

"자, 우리 나들이 갑시다. 오늘은 공원!"

한 주의 마지막 시간은 늘 창의적체험활동 시간이다. 오늘은 자연체험으로 바깥놀이로 나간다. "와~" 하며 후다닥 나가는 아이들, 나는 자리를 정리하고서 느긋하게 걷는다. 뒤에서 정지은과 승민이가 내 등을 친다. "아파" 하면 치는 걸 멈춘다. 둘이 나에게 보이는 관심이겠지.

"먼저 나간 애들이 놀이터에서 놀 걸요."

"그렇겠지?"

그런데 안 보인다. 8자 달팽이를 그리며 놀던 학교 옆 공원에도 없고, 놀이터에도 없다.

"다 어디 갔지? 오늘 아침에 아침햇살로 놀던 곳에 있나?"

"아, 피구하던 곳요?"

"응."

"저기 있어요."

햇살이 참 맑은데도 햇살 아래에서는 아직 뜨거운지 그늘이 있는 공연장 무대에서 놀고 있었다. 잘 논다. '무엇하며 놀아볼까?' 생각하는데, 같이 걷던 현수가, "우리 맨발로 지압하는 곳 걸어요. 저는 맨발이거든요."

"그러자."

이렇게 현수가 놀이를 만들었다.

"자, 여기로 와 보세요. 오늘 미션 할게요. 신발 벗고 우리 이곳을 걸어 볼게. 물론 양말까지 벗으면 더 좋겠고"

나부터 양말을 벗는다. 물론 몇몇은 말이 끝나기도 전에 맨발로 지압장을 걷거나 뛰고 있다. 아픈지 큰소리를 내며 걷고 뛴다. 보통 아이들은 신이 나면 날수록 목소리가 더 커진다. 그러니 엄청 신나는갑다. 작은 돌은 없어 그다지 아프지는 않다. 그러니 아이들이 뛰면서 큰소리 내며 좋아했던 게다. 아프지 않으니. 그냥 그게 놀이였던 거였지 싶다.

알아서 놀이를 만드는 아이들

사진을 찍으며 다니는데, 참 여러 모습이다. 남학생을 잡으러 다니는 여학생들과 몇몇 남학생, 이야기 주고받으며 배꼽 잡고 웃는 아이, 그냥 앉아서 쉬는 아이, 무엇인가를 혼자서 구경하는 아이, 그 가운데 눈에 띄는 모습이 있다. 승민이가 무대 뒤에서 자기 키보다 높은데도 뛰어내리기를 반복하고 있다. '저게 지금 놀이인가?' 하는데, 이번에는 진솔이가 승민이가 뛰어내린 무대 벽을 타고 오르고 있다. 뛰어내리고 오르고. 승민이 모습을 보고서 처음에는 그냥 흘렸는데, 오르고 내리는 모습이 재밌다.

내가 무대 뒤로 돌아서 올라가 섰다.

"자, 이 벽을 타고 올라와보세요."

말이 떨어지기 무섭게, 아이들이 올라온다. 벽에는 돌이 박혀 있다. 무대 위 모서리를 손으로 잡고서 돌을 발받침으로 해서는 오른다. 잘 안 되는지, 내렸다 올랐다 하는 아이들도 더러 있다. 그래도 쉬이 포기하지 않는다. 놀이이니 실패가 아니다.

"에이, **" 하고 유석이가 욕을 했다. "하하. 유석이 욕했어요" 하며 은진이가 웃는다. 그 순간 가장 놀란 건 유석이다. 나도 덩달아 웃는다. "유석, 잘 안 돼?" 유석이는 뒤로 몇 발짝 물러서더니 뛰어와서는 벽에 매달린다. 그러더니 올라온다. "잘했어."

승민이가 하던 놀이를 해 본다.

"자, 여기서 뛰어내려 보자."

무서워 망설이는 아이도 있다. 그렇지만 다른 아이들 뛰는 모습에 용기 내어 다같이 뛰어 내린다.

"자, 오늘의 마지막. 뛰어내리는 모습을 사진에 담아볼게. 모두가 공중에 떠있도록 우리 만들어보자."

"와!"

뛰어내렸던 아이들이 무대를 빙 돌아서 다시 무대 뒤에 선다.

"자, 하나둘셋 하면 뛰자. 하나아아! 두우울! 셋!"

한꺼번에 뛰어내리는 아이들, 웃음 가득인 얼굴로 나에게 와서는 다같이 사진을 본다.

"아, 여기에 있는 사람들이 안 뛰었다."

"아~" 하며 또 뛰어서 무대 뒤에 선다.

"자, 준비. 다같이 외쳐볼까? 내가 '할 수' 하면 여러분은 '있다.' 자, '할 수'"

"있다."

"하나아아! 두우울! 셋!"

그렇게 뛰고 찍고를 되풀이하다가 마친다.

사랑

◇◇◇

'사랑하는 사람에게 사랑을 전해요.'

오늘 '영근샘 편지' 내용이다. 나도 오늘은 사랑을 일기에 담는다.

> 내가 사랑하는 사람,
>
> 우리 반,

오늘 모습에서 사랑을 전해.

나도 내가 사랑하는 사람에게 사랑을 전한다.

아침에 여학생들이 써 둔 칠판 글(자리 옮기기-글똥누기-자기 자리 청소-이번 주 목표 세우기)을 보며 챙기고, '주말 이야기'로 힘찬 목소리가 참 사랑스러워.

듣말쓰 시간과 다른 교과에서도 남는 자투리 시간에 둘셋이 한 모둠이 되어, 듣말쓰 발표 준비하는 모습, 컴퓨터 실에서 자료 찾고, 그러는 모습이 사랑스러워.

수학 시간에 내 공부만큼 옆에 있는 동무가 하는 공부에도 관심 갖는 모습, 특히 배움짝이 모르는 건 아닌지 곁눈질을 해 가며 자기 것을 푸는 모습이다가 배움짝이 틀리거나 막히면 내 것을 멈추고 도와주는 모습이 사랑스러워.

체육에 신나게 뛰어노는 모습이 사랑스러워.

점심 맛나게 먹고, 남는 것은 골고루 나눠 먹고, 깨끗하게 빈 그릇 만드는 모습에 사랑스러워.

음악에 우리 반 노래들을 때 눈 감고 듣는 아이, 책을 보며 듣는 아이, 편하게 엎드려 듣는 아이, 노랫말을 보며 듣는 아이, 듣지 않다가 뒤에 나가서 바른 자세로 듣는 아이, 모두 사랑스러워.

오늘 학교에 오지 않은 동무 둘 이름을 들먹이는 관심에 사랑스러워.

남아서 '삶'을 다 하고 가는 책임감에 사랑스러워.

수업 마치고 남아서 기타와 노래 부르며 노는 모습이 사랑스러워.

무엇보다 오늘도 많이 웃으며 즐겼던 모습이 사랑스러워.

월요일 첫날, 말과 눈으로 모두와 인사를 주고받아서 다행이다. 조금 더 내가 먼저 다가가 말 걸며 사랑과 관심을 쏟아야겠다.

집 식구,

조건 없이 사랑해.

예쁜 정순샘에게 모든 게 고맙다.

의젓한 중학생 희문이가 아침마다 내 차 타고 오니 고맙다.

수민이가 투정부리고 애교 부려서 살맛나게 해 주니 고맙다.

그리고 오늘 한 사람,

오늘 하늘과 흙으로 가신 김종만 선생님.

　"선생님, 사랑 고마웠습니다. 그리고 식구 모두 사랑했습니다. 선생님처럼 우리 아이들과 뛰놀고 사랑하겠습니다. 선생님도 이젠 더 이상 아픔 없는 좋은 곳에서 흥겨운 놀이와 웃음 가득이길 빕니다. 선생님, 오늘 하루 선생님께서 장구 장단에 〈씨감자〉 부르시던 모습, 남사당놀이에서 어깨 춤 추시던 생각으로 가득했습니다. 선생님, 보고 싶을 겁니다. 사랑합니다."

엉터리 영어 수업

◇◇

영어 선생님에게서 쪽지가 왔다.

'오늘은 영어 수업이 없는 날이네요.'

'와, 잘됐다. 드디어 내가 영어로 놀겠구나' 하는 생각에 기분이 좋다. 해마다 한두 번 영어 시간이 나에게 온다. 그러면 난 꼭 이 시간에 논다.

"오늘 영어 선생님이 수업이 아니라, 영근신이 영어 수업 하는 날."

"예에? 영어를요?"

"왜? 못 믿어? 헬로우."

"헤헬로우."

"아니제. 그럼 버릇이 없제. 윗사람에게는 높임말이지. 내가 '헬로우' 하면, 여러분은 '헬로우요' 해야지."

"예? 하하하."

"헬로우."

"헬로우요." 하며 이런저런 물음으로 높임말 영어를 배운다.

"자, 오늘 영근신과 첫날이니, 여러분 영어 실력을 알아보기 위해 평가를 해 볼게. 공책 내고 스무 개다."

"네."

그렇게 문제가 시작된다.

"1번. 다음 영어를 듣고, 우리 말로 쓰시오. 뽀이."

"네?"

"뽀이."

"네? 뽀이요?"

"아이 참 비오와이. 뽀이 앤 걸 할 때 뽀이."

"아."

다니며 보니 그걸 못 쓰는 아이들이 있다. 이렇게 아이들 수준 차이가 있다.

"자, 힌트. 뽀이를 우리 말로 남자아이라고도 해. 두 글자로 무엇일까?"

"하하하. 다 가르쳐주는 거잖아요."

"자, 2번은 다음 영어를 숫자로 쓰세요. 완투."

"완투요?"

"그래. 그럼 원투."

"아, 원투."

그렇게 문제를 이어간다.

"5번. 다음 우리말을 영어로 쓰시오. 우유."

"우유요?"

"응."

마시던 우유를 보며 "여기에 써 있어요." 한다.

"그래? 그럼 보고 써."

○○이 쓴 게 재미있다. 'seoul.'

"야, 이건 서울이지. 서울우유할 때 서울."

쓴 ○○도, 나도, 아이들도 다같이 웃는다.

"6번, 조금 어려운 문제 줄게. 다음 보기를 듣고, 영근신과 어울리는 보기를 고르시오. 1번, 어글리. 2번, 프리티. 3번, 똥."

"아, 이거 미치겠네."

"답이 두 개에요."

"그래? 그럼 내가 표정으로 보여줄게" 하며 예쁜 얼굴.

다 맞으면 뭔가 어색하잖아

이어서 '난 학교에 간다'를 영어로 쓰기, 비를 영어로 마지막 철자 쓰기(N), 자기 생일 쓰기, '초등학교' 영어로 쓰기(영어 책을 보며 쓴다)를 했다.

"선생님, 옆에서 제 거 보는데요."

"그래? 이번 시험은 보여주면 안 되고, 보는 건 괜찮아."

"하하하. 그런 게 어딨어요?"

"여기."

그러며 하나 더.

"11번, 이어지는 말을 영어로 쓰세요. '이영근은 …'"

무엇인가 유심히 쓴다. 보니 가지각색이다.

그렇게 문제를 모두 풀었다.

"자, 점수 매기자. 자기 시험지를 자기가 쓰는 손으로 매기면 부정행위가 있을 수 있으니 오른손잡이는 왼손으로, 왼손잡이는 오른손으로 매긴다."

"하하하. 네."

이렇게 점수를 매기는데, 20점이 일곱이다. 여학생이 둘, 남학생이 다섯. 여학생이 둘인 게 실망이다. 18, 19점이 많다. 한 사람 한 사람 점수를 물으며 무엇을 틀렸는지 물으니 하나 같이 '이영근은 …'에서 틀렸단다. '어글리' '몽키' '흰머리' '안 씀'이 많다. 객관적으로 '프리티'는 도저히 쓸 수 없었단다.

"그래. 20점 받은 사람이 이상한 게지."

"왜요?"

"다 맞으면 뭔가 어색하잖아. 빈 구석이 있어야지."

"하하하."

2013년 9월 27일 금요일

더 크게 받은 마음

1, 2교시 두 시간 동안 예절교육을 받았다. 1학기에는 한복 입고 절하는 법을 배웠다. 오늘은 차 마시는 시간이다.

아이들이 "예절교육을 학기에 두 번 하면 좋겠습니다"라며 '바라는 것'으로 이야기한다. 그만큼 좋았나보다. 물론 다과에 나온 약과가 맛있어서 그렇다는 말도 있지만. 차를 마실 때 참 진지하다.

차 실습을 마칠 무렵, 준환이와 둘이서 잠시 앉아서 이야기를 나눴다.

"우리 이제 예절교육 마치는 날이니 노래 선물 드려야지? 무슨 노래가 좋을까? 예절과 관련 노래이면 좋긴 한데."

"기타 동아리가 한 것에는 없는 것 같아요."

"그럼 이번에도 〈구만이〉 할까?"

"네."

"그럼 기타는 혼자보다는 둘이 좋겠는데, 누구랑 할까? 준환이 외에 여학생이 함께 하는 게 더 좋을 것 같은데."

가장 가까이 있던 여학생이 나현이다. 나현이도 불렀다. 기타 가지러 한복을 입은 채 간다.

아이들 실습을 돕는 선생님께서 나지마한 말씀으로, "선생님, 반 아이들이 정말 잘 따라했어요. 이렇게 잘 따라하는 아이들 오랜만에 본 것 같아요" 하신다. 칭찬까지 들으니 나도 기분이 좋다.

"자, 이제 여학생부터 일어설까요?"

"선생님, 잠시만요. 저희들이 수업을 마치면 드리려 준비한 노래가 있어요."

그리고 준환이와 나현이가 들어와 앉는다. 그러며 노래한다. 한복에 기타와 노래. 어울림이 참 좋다.

"와. 정말 고맙고 잘 하네요."

손뼉까지 치시며 좋아하신다. 늘 느끼지만 드리는 것보다 더 크게 받는다.

눈치

"그냥 노래 듣자."

아이들이 하는 이 말에 나를 스스로 돌아본다.

5교시 과학 전담을 마치고 온 아이들, 그리고 음악으로 이번 주 불러줄 노래를 준비하는 나. 아, 말없이 준비하는 나. "어린이 회의에서 우리 모둠 뭐로 바꿀 건지 오늘 정하기로 했는데" 하는 소리가 들린다. 아이가 혼자서 하는 말, 혹은 짝에게 하는 말이지만 그 말은 사실 모둠 바꾸는 걸 하자고 내게 건의하는 거다. "옛이야기도 해야지", "영근 신화도" 하는 말들이 나와도 나는 대꾸 없이 노래를 준비한다. 그러고 있으니, 한 아이가 "그냥 노래 듣자"며 주장들을 꺾는다.

자기들 주장을 꺾고 내가 하자는 노래를 듣는데, 논리나 설득이 아닌 양보를 한다. 그것도 내 기분에 대한 눈치를 보며. 에구, 미안하다.

나를 조금 더 보여주자

표정 없는 영근, 사실 쉽게 다가오지 못할 얼굴이지. 그런데 그 표정 없는 얼굴이 요즘 많았나보다. 갈비뼈에 금이 가고 아파서, 조심하면서, 거기에 긴 연휴에 이은 학교 삶이 겹치니 더 표정이 없었나 보다. 오늘은 월요일이라 힘이 없던 것도 있긴 하지만 그것보다는 그냥 조용한 하루였는데 그렇게 보이나 보다. 다른 때와 다르게 보였나 보다. 그러니

내가 화가 났다고 생각했거나

까맣고, 얼굴에 살이 없고, 시력이 조금 안 좋아 멀리 볼 때 찌푸리거나 할 때는 같이 15년을 사는 정순샘도 무섭다고 한다. 그런 모습에 6개월을 함께 한 아이들이 안 그럴 수 없겠다. 화가 난 것도 아니고, 기분 나쁜 일이 있었던 것도 아니고, 그냥 가을 분위기에 말이 없었고, 조용하게 노래하는데 긴장하며 눈치를 보니.

'그렇더라도 이런 느낌을 갖게 한 건 내 잘못이다.'

순간 미안하다. 노래 분위기를 흥겁게 해 본다. 신나는 노래도 부르고, 무작위 프로그램을 이용해 노래를 뽑아 부르기도 한다. 다행히 〈고래사냥〉 노래로 신나게 마칠 수 있었다.

내일부터는 조금 더 힘을 내자.

가을은 혼자 있을 때나 느끼자.

아니, 가을을 느끼고 싶을 때는 말을 하자.

"자, 우리 불어오는 가을바람을 느껴보자"며 미리 알려주자. 그럼 아이들이 이렇게 긴장하지는 않을 거다. 학생들이 일기며 글똥누기며 말로 자기 모습을 보이듯 나도 일기로 말로 나를 조금 더 보여주자.

되도록 같이 있을 때는 표정을 조금 더 크게 살리자.

아직도 다듬을 게 참 많은 선생이다. 언제 선생 노릇 제대로 할까? 하하.

07

10월
함께 성장하기

수학 배움짝

동갑 선생님

상록초등학교 6학년 5반 김태희

우리 반에는

담임선생님도 있지만

나에게는 또 다른 선생님이 있다.

수업시간에 가르쳐 주기도 하지만

수업이 끝나도

"이거 숙제다."

"내일까지 풀어 와라."

"이거 외워라."

담임선생님보다 숙제를
더 많이 내주는 것 같다.

(가운데 줄임)

내가 지금까지 말한 바로 그 선생님은
13살인 내 동갑내기친구
'미성이'다.

우리 반에는 수학 시간에 '배움짝'이 있습니다.

배움짝은 수학에 문제 풀기가 어렵다며 잘 못하는 동무의 공부를 도와주는 짝입니다. 보통 때는 모둠으로 앉지만 수학 시간에는 도움을 주는 학생이 배움짝 옆으로 가서 같이 앉아 공부합니다.

수학 책이나 익힘책 또는 학습지 문제를 풉니다. 모두가 자기 것 풀기에 집중합니다. 그런데 우리 반에서는 여러 곳에서 둘이 함께 푸는 모습이 흔합니다. 더 정확하게 말하면 옆에서 푸는 것을 지켜보거나 설명으로 돕습니다.

3월부터 시작한 것
은 아닙니다. 3월에
는 아직 우리 반 학급
문화에 익숙하지 않
기에, 배움짝을 바로
할 수 없습니다. 이
전 학년까지 공부로
자존감이 많이 부서진 아이들, 모르는 것이 부끄러운 아이들, 성적
으로 자신감을 잃은 아이들에게 모르는 것을 모른다고 말할 수 있
는 용기를 갖는 데 시간이 필요합니다. 마찬가지로 공부 잘하는 학
생들도 아는 것을 뽐내기보다 나누고 도와주려는 마음을 가지도록
해야 합니다.

그러며 4월부터 보통 때 잘 지내는 동무끼리 배움짝을 했습니다.
그런데 친하다고 되는 것은 아닙니다. 학생들도 자기 기질에 따라
돕는 것이 맞는 학생들이 있습니다. 그렇게 배움짝이 몇 번 바뀌더
니 6월부터는 자기들이 짝을 찾아 앉아서 지금까지 계속 왔습니다.
그래서 그런지 배움짝들끼리 호흡이 잘 맞습니다. 짝 어깨 너머로
짝이 문제 푸는 것을 보다가 짝이 막히면, "자, 여기 봐. 그러니까 대
분수잖아. 이걸 이렇게 가분수로 고쳐야지. 그렇지" 하며 돕습니다.

그럼 저도 흥을 돋굽니다.

"배움짝들 참 보기 좋네요. 그리고 지금 내가 배움짝을 하지 않

더라도 필요하면 언제든지 원하는 짝과 하세요. 나에게 말은 해 주고요. 그리고 배움짝이 아니더라도 옆에 있는 짝과 함께 공부하세요. 모르면 묻고, 아는 것은 정성껏 도와주고. 옆에 있는 짝과 함께 성장하세요."

나눠준 학습지 정답을 확인할 때입니다.

"오케이!"

배움짝 학습지를 보던 학생이 좋아라 소리칩니다. 궁금합니다. "왜?" 하고 물으니, "○○가 약분 안 한 거 빼고 다 맞았어요" 합니다. 그걸 더 칭찬하고파서 저도 아이들에게 묻습니다. "약분 못 한 거 빼고 다 맞은 사람?" 하니 ○○도 손을 듭니다. 그러니 도와주던 배움짝이 손뼉을 칩니다. 입이 귀에 걸려서. 이렇게 내가 맞았을 때만큼, 아니 어쩜 더 크게 좋아하는 모습이 참 감동입니다. 둘이 제 앞에 자리했는데 둘이 하는 소리가 귀에 쏙쏙 들어옵니다. "○○ 야, 이거 꼭 해 봐."

"응."

"아니, 그냥 이거 쉬는 시간에 같이 할까?"

"해 올게."

"그래, 그럼."

알림장을 쓰는데, ○○가 손을 들고 오늘의 사랑이(오늘 하루 고마웠던 동무를 추천하면, 그 이름을 모두 알림장에 써 줍니다. 어떤 날은 50명이 넘기도 합니다)로 추천합니다.

"저, **요."

"응. 까닭 말하고."

"배움짝으로 잘 도와줘요."

그러고 보니 그 전날에는 **이 사랑이로 ○○를 추천했습니다.

"○○는 포기하지 않고 배울 때 열심히 배워요" 하면서요.

이렇게 배우는 사람, 가르치는 사람이 서로 고맙다고 합니다.

우리 반 수학 배움짝 내가 봐도 참 좋습니다.

배움짝이 있어 수학 포기란 없습니다.

기타 배움짝

우리 반에는 기타 동아리가 주에 두 번 방과 후에 저에게 배웁니다. 그리고 배운 것을 2학기에는 다른 동무들에게 나눕니다. 이렇게 기타 동아리가 한 주에 한 시간씩 한 학기 동안 도우니, 칼립소 주법으로 한 곡 정도 익힐 수 있었습니다.

"자, 2학기 음악 시간에 하루는 기타를 배울게요. 가르치는 것은 기타 동아리가 할게요"라고 알렸습

니다. 기타 동아리는 주마다 수요일에 기타를 가져와 다른 동무를 가르칩니다.

이제 기타 가르치고 배울 짝을 정합니다.

"기타 동아리가 열여섯인데 그 사람들이 기타 동아리가 아닌 열넷을 가르칠게요. 정하는 방식은 기타 동아리 한 명 한 명 이름을 부르면 같이 하고픈 사람이 손을 드세요. 자, 그럼 1모둠부터 정하자. 자, 광탁이랑 할 사람?"

설빈이가 손을 듭니다.

"그럼 광탁이와 설빈이가 기타 짝. 광탁아, 설빈이에게 고맙다고 하자. 널 선택해줬으니."

그렇게 권유민–재원, 나현–솔, 민성–현진, 승민–백지은, 재민–유석, 현수–신이, 정수민–정유민, 은진–서연, 이수민–진솔, 채현–다현, 동현–세욱, 소희–정지은, 이로–현서, 준환–민재로 짝을 정했습니다.

다음은 짝을 정한 날 권유민이 쓴 일기입니다.

어제부터 수요일마다 기타 동아리 아이들이 기타 동아리가 아닌 친구들을 가르치는 활동을 한다고 한다. 먼저 기타가 리듬, 가락 악기에 포함된다는 것, 코드, 주법 등 여러 가지 기타에 대한 것을 설명해주신 후 누가 누구를 가르쳐 줄 것인지 정했다. 나는 재원이를 가르치게 되었는데 기타를 가져오는 날에도 가르쳐 줄 생각이다. 열심히 가르쳐 줄 것이고 앞으로 기대된다(나도 열심히 연습해야겠다).

점심시간에 보니, 권유민이 재원이에게 "재원아, 자 오늘은 G하고 Em만 하자"며 기타를 가르치고 있습니다. 권유민과 재원이만 가르치고 배우는 게 아니라, 여러 곳에서 기타를 가르치고 있습니다. 기타가 또 하나의 놀이입니다.

기타가 시끄럽기도 하니, 교실에서만 할 수 없습니다. 운동장 스탠드나 학교 옆 공원에서 합니다. 그 모습이 참 아름답습니다. 가르치는 만큼 배울 것이고, 배우는 만큼 함께 성장할 것이라 믿습니다.

이밖에도 사회 시간에 공책 정리를 함께 하는 사회 배움짝도 있습니다. 또한 미술 시간에는 한 학기 미술 주제를 원하는 것으로 선택해서 하는데, 그때 같은 주제로 하고픈 학생들은 짝으로 함께 합니다. 미술 배움짝입니다. 지금 국어 시간에는 둘셋이 한 주제로 발표를 위해 짝을 이뤄 프레젠테이션을 준비하고 있습니다.

이렇듯 배움짝이 아주 다양하고 흔한 게 우리 교실 배움터, 아니 배움나눔터 모습입니다.

영근샘 편지 - 1호

얼마 전에 '삶' 공책(우리 반 복습장) 이야기를 정순샘과 나누다가, "삶 공책에 주마다 편지를 하나씩 써 붙여줘도 좋겠다"고 말했다. 그러고서 머릿속에서 맴돌던 생각을 오늘에야 시작한다.

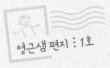

영근샘 편지 : 1호

주마다 한 편씩 편지를 쓸까 합니다.

지난 한 주, 푸르고 높은 하늘, 산들산들 불어오는 바람, 맑은 햇살로 가을이 성큼 왔음을 알려주는 듯했습니다.

그런데 내일은 갑작스레 태풍이 온다고 하네요. 도시에 사는 우리야 큰 걱정이 없겠지만, 황금들녘을 보며 수확의 기쁨을 기다리는 우리 농사꾼들에게는 불청객일 수밖에 없습니다. 이번 태풍이 잘 지나가길 마음을 함께 모았으면 합니다.

지금 보는 종합장은 '삶'이란 공책으로 우리 반 복습장입니다. 사람은 들은 것, 본 것을 기억하는 데 한계가 있습니다. 잊지 않고, 더 오래 남길 수 있는 방법은 '복습'입니다. 이 종합장이 그 몫을 하고 있습니다.

글을 쓴다는 건 언제나 참 좋다. 편지를 쓰니 마음이 잔잔하니 좋다.

다음날 어머니들의 답장

- 편지를 통해 일주일에 한 번씩 선생님을 만나게 되었네요. 이런 적은 처음이라 기대됩니다. 이번 한 주도 행복한 한 주 되세요.
- 감사합니다. 바쁜 일상 중에도 엄마들에게 아이의 생활을 다시금 살펴볼 수 있는 계기가 될 수 있어서 아주 반가운 소식이네요. 다음 주도 기다려 봅니다.
- 내가 만약 교단에 섰다면 과연 영근샘처럼 열정을 가지고 아이들을 매일 대할 수 없을 것 같다. 응원합니다. 태풍이 잘 지나기를 기도하며, 준환아, 선생님 사랑합니다.

2013년 10월 22일 화요일

"선생님, 전교조가 뭐예요?"

"선생님, 전교조가 뭐예요?"

"음… 교직원노동조합."

"네?"

"전국교직원노동조합"

"선생님, 전교조가 뭐예요?"

"전국교직원노동조합"

"선생님, 전교조가 뭐예요?"

"아~"

결국 뒤로 쓰러졌다. 그러며 크게 웃었다.

아이들이 받은 영근샘편지-3호를 들고서 자꾸 묻는다. 부모님께 드리는 편지인데, 받자마자 읽었나보다. 사실 월요일마다 나가는데, 어제는 피곤에 젖어 편지도 잊었다. 하루 늦은 편지 내용은 이렇다.

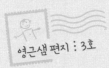

영근샘 편지 : 3호

하루 밀렸네요. 죄송하네요.

아침저녁으로 많이 쌀쌀해요. 두꺼운 옷을 입어도 될 만큼 날씨가 겨울로 성큼 다가갔네요. 그래서 감기로 콜록거리는 아이들, 목이 아픈 아이들이 많아요. 우리 아이들도, 집에 계신 식구 분들도 모두 건강한 날들 보내세요.

요즘 날마다 국어와 사회 발표로 힘들다고 하는 아이들이 있을 건데요. 한 주간 준비할 시간을 주는데, 보통은 발표 전날 준비하니 그런 모습을 보여요. 우리 아이들이 어떤 주제에 관련 자료를 찾고, 그것을 묶어 남들 앞에서 발표하는 힘을 길러주기 위한 것이니 조금 더 지켜봐주세요. 힘들고 불편한 것이 우리 아이들 몸에 더 좋은 것이기도 하니까요.

참, 얼마 전 전교조에 가입했어요. '참교육'을 실천하는 전교조가 어려운 시기를 겪고 있네요. 작은 힘이지만 보탬이 되고 싶어 다시 가입을 했어요. 전교조에 많은 관심 부탁드려요.

이번 주 바람 : 우리 반 노래, 우리 아이와 같이 불러요. (10/22)

이 편지를 받고서 아이들은 낯선 낱말인 전교조가 눈에 띄었나 보다.

사실 전교조는 작년에 탈퇴했다. 정확히는 탈퇴하며 쉬었다가 다시 들어간다고 했다. 전교조 상급 기관에서 하는 일처리에 피해를 본 우리 동학년 선생님들에게 보인 최소한의 내 행동이었다. 그런데 다시 들어가게 된 때가 요즘인 게다.

요즘 전교조 처지가 참 힘들다. 나라에서는 전교조 조합원들에게 참 아픈 결정을 하도록 명령했다. 함께 하는 식구를 내쫓지 않으면 법외노조로 만든단다. 전교조 조합원들은 정부안을 받아들이는 안과 받아들이지 않는 안으로 나뉘어 많이 힘들었다. 하나를 결정해야 했기에.

사실 난 재가입 시기가 늦어 이번 투표에서는 투표 권한이 없었다. 결과는 정부안을 따르지 않고 식구를 안고 가기로 했다. 내 생각과 같든 다르든 난 그 결정을 존중한다.

나는 1999년에 선생을 시작하면서부터 전교조 선생으로 살았다. '저 선배 같은 선생이 되어야지' 했던 선배가 전교조 조합원이었기에 망설임이 없었다. 처음에는 전교조 선생이라고 말하기에 부끄러운 모습도 많았다. 물론 지금도 그럴 때가 많으리라. 그렇지만 아이들 삶을 가꾸려 애쓰고, 아이들을 소중하게 여기는 마음은 전교조를 가입하면서부터가 시작이었다.

이런 마음이기에 나는 망설임 없이 다시 가입했다. 내가 좋아하고 내 뿌리인 전교조가 힘들어하니 손을 내밀어야 했다.

'나는 전교조 조합원으로, 참교육을 실천하는 전교조 선생이다.'

2013년 10월 25일 금요일
머리 묶기

아침 배드민턴 운동을 마치고 정순샘을 집에 내려주고서 희문이를 태운다. 희문이를 중학교 앞에서 내리고 나는 학교로 간다. 7시 30분에 아침 햇살로 아이들과 만나야하니 금요일은 이렇게 바쁘다. 학교 주차장에 차를 세우고, 교실에서 내려올 아이들을 기다린다.

학교 현관문이 열리고, 아이들이 "선생님~" 하며 부른다. 준환이는 모자를 썼고, 여학생들이 그 모자를 벗기려고 한다. 이로도 모자를 썼다. 광탁이는 모자를 안 썼지만 머리를 묶고 있다.

'아!' 하며 이제 생각이 났다. 오늘은 '아띠*'로 '머리 묶기'로 한 날이다. 이로 모자를 벗겨보니 토끼 머리로 예쁘게 잘 묶었다. 어머니가 아침에 묶어주셨단다. 준환이도 가운데 크게 하나 묶었다. 묶지 않은 재민, 권유민, 유석이도 아침햇살 하며 묶었다.

아침햇살로 산에 가려했는데 조금 늦은 것 같아, 마을을 아주 조금 한 바퀴 돌고서 학교 옆 공원에서 축구한다. 지난번 회의에서 아침햇살에 남학생들만 축구한다고 그러더니 이제는 모두가 함께 한다. 나도 함께 한다. 오늘은 찬 날씨라고 했지만 뛰니 금세 땀이 난다. 그건 나만 그런 게 아니다. 아이들도 땀이 맺힌다. 머리에 뿔을 달고 공을 차는 모습이 참 곱다.

"선생님 보고 미쳤대요"

교실에 들어와 아침을 여는데, 머리 묶지 않은 남학생들의 머리를 묶어 주는 여학생들이 보인다.

글똥누기도 온통 머리 묶은 이야기다.

"복도에 나가니 애들이 웃어요."

"당연하지."

---

* 참사랑땅반에서 아띠는 어느 한 가지 주제를 정해 모두가 그 주제에 맞춰 활동하는 날을 뜻합니다. 예를 들어 모자 아띠가 주제라면 그날 참사랑땅반 아이들은 모두 모자를 쓰게 오게끔 하는 것입니다.

183

"쉬는 시간에는 풀면 안 되나요?"

"안되지."

그러면서도 쉬는 시간, 점심 때 복도로 더 어슬렁거리는 아이들이다. 자신들을 보는 다른 반 아이들의 웃음과 갸우뚱하는 모습이 좋은 게다.

"동아리 시간에도 하고 있어야 해요?"

"그럼."

"동아리 시간에 애들이 막 웃잖아요."

"당연하지."

"오늘 학원 갈 때도 해요?"

"당연하지."

"집에서도 해요?"

"그럼."

이런저런 말들 중에서도 가장 와 닿는 말은, 어린이회의 때 나온 말이다. 다음 주에 나올 책을 바쁘게 봐야 해서 잠시 연구실에서 인쇄 좀 하고 오니, 어린이회의를 하던 아이들이 나를 걱정하듯, 안타까운 듯, 불쌍하다는 듯 말을 건넨다.

"6학년 언니들이 선생님 보고 미쳤대요."

아이들은 담임에게 하는 그런 소리를 듣고 화도 났겠지. 그런데 내가 머리를 묶고서 축구 동아리를 지도하러 운동장에 나갔으니 그걸 본 여학생들이 이상하게 보는 것도 당연하긴 하지.

"그래? 어쩌겠니. 그냥 냅둬라."

"네? 미쳤다고 했다니까요."

"그냥 둬. 그렇게 보였나보지."

"아~" 하며 안타까워하는 가운데, "선생님이 착해" 하는 아주 듣기 좋은 말이 들린다.

마칠 때, 오늘 하루 서로 칭찬할 동무를 추천하는 '오늘의 사랑이'로 남학생들이 여학생을 많이 추천한다. "○○요. 머리 묶어줬어요."

다음 아띠도 기다린다. 나도 아이들도.

글에서 힘을 얻고 감동하다

어제 영근샘 편지-4호가 나갔다.

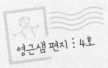
영근샘 편지 : 4호

시월도 끝자락이네요. 곧 십일월입니다.

어제 상갓집이 있어, 강원도 홍천에 다녀왔어요. 오가는 길에 산은 초록빛을 벗어놓고, 붉은 빛깔로 갈아 입더군요.

제가 사는 대야미 마을도 그래요. 누런 들판은 가을걷이로 바쁘고, 텃

밭들에 배추며 무도 다가올 김장 준비를 하고 있어요. 산에서 불어오는, 저수지에서 불어오는 바람은 갈수록 코끝을 시리게 차가워지고요. 가을들판과 바람에 가을을 느낄 수 있으니 참 좋아요. 수리산, 대야미마을로 가을나들이 해 보세요.

우리 반은 날마다 일기를 써요. 그런데도 일기는 숙제가 아니에요. 날마다 써 내면 저도 고마운 마음으로 정성껏 읽죠. 날마다 꾸준하게 쓰는 사람이가 많아요. 물론 아직 일기 쓰는 재미를 못 느낀 사람이도 있어요. 일기만큼 삶을 가꾸는 좋은 방법도 없으니 한 번이라도 일기 쓰는 재미를 느꼈으면 하는 바람이 커요. 그래서 저도 제 일기를 학급누리집에 올립니다.

이번 주 바람 : 아침에 우리 집만의 인사 나누기. (10/29)

월요일마다 편지를 써 아이들에게 주면 아이들은 편지를 '삶' 복습장에 붙인다. 그리고 그 편지를 부모님들이 보시고서 확인을 하시거나 그냥 넣으시거나 하시겠지. 오늘도 다른 때 마냥 여러 부모님들이 답장을 써 주셨다. 그 답장이 참 고마워 오늘은 내 일기로 남겨둔다.

'이제는 **이가 스스로 일기장(아마 '삶' 복습장인 듯-영근샘)을 꾸며가며 매일매일 잘 쓰네요. 아주 좋은 습관이 들여진 거 같아요. 참 좋은 계절 가을이 점점 짧아져서 아쉽네요. 이번 주말엔 가을 나

186

들이 가야겠어요.^^'

'가을이라 그런지 옛친구들이 그리워 지리산 내대에 반창회(초등학교 6학년)로 온 가족이 참석하고 지리산 단풍도 보고 왔습니다. 저의 옛 선생님도 지금 영근샘과 같은 마음이었을 지도 모르겠네요. 저도 일기 함 써 볼까 합니다. 중·고 때는 가끔 쓰기도 했는데.'

'가로수들도 울긋불긋 물든 것을 보니 아이들과 단풍놀이 가고 싶은 날이네요. 일기 쓰기가 숙제가 아닌 매일의 정리와 재미를 느꼈으면… 아직은 숙제의 의미가 큰 듯^^'

'선생님의 일기를 읽으면 재민이가 그날 학교에서 어떻게 생활했는지, 또 5학년 3반 아이들의 전체 모습이 그려져서 넘 좋아요~'

'아침에 저희 집 인사는 포옹과 뽀뽀인데 계속 할까 해요. 학급누리집에 매일 일기 올리시는 일도 대단하시지만 주마다 아름다운 글귀를 담은 편지가 마음의 여유를 줍니다. **이가 일기를 더 정성껏 썼으면 좋겠네요.'

'선생님의 편지 속에 가을 전경이 펼쳐지네요. 아침 인사가 따로 없었는데 한 번 생각해보고 실천해 보도록 하겠습니다.'

나도 그 답장들에 한 줄 답글을 쓴다. 주마다 편지를 쓰니 이렇게 답장 받아 보는 재미가 있다. 그래서 화요일 아침에 '삶' 연습장을 보는 게 즐겁다. 부모님들도 월요일 저녁에 우리 아이들 '삶' 연습장에 있는 내 편지를 보는 게 즐거움이면 좋겠다.

11월
영근신화

우리 반 학생들이 가장 듣고 싶어 하는 것은 무엇일까요?

노래? 옛이야기? 책?

물론 이런 것도 좋아합니다. 그렇지만 이것보다 더 좋아하는 게 '영근신화'입니다. 영근신화라 하니 우습기도 하고, 이상하기도 하지 싶습니다.

사실 제가 봐도 우습고 이상합니다.

영근신화는 시작이 별 시탐치 않습니다. 몇 해 전 6학년을 가르치는데, 수업에서 단군이며 삼국, 가야의 신화 이야기가 나옵니다. 옛날의 새로운 나라는 그 나라를 세운 사람을 신화로 이야기를 만들었습니다. 그때 아무 생각 없이 했던 말이, "우리 참사랑땀반도 신화가 있어"였고, 그렇게 시작한 영근신화를 지금까지 이어오고 있습니다.

영근신화 1탄 - 얼굴 흉터 이야기

영근샘, 아니 영근신이 초등학교 3학년 때 일이야. 영근신은 경남 산청이라는 시골 마을에서 태어나 살았지. 신들이 살기에 참 좋아. 산이 깊고, 물도 맑아.

영근신에게는 형이 하나 있었어. 영근신과 형이 하루는 집 옆 밭에서 놀고 있었지.

"야, 대나무로 놀자."

형이 하는 말에 둘은 대나무를 가지고 놀았어. 집 옆에 대나무가 많이 있었거든. 오래된 대나무(오래 되어 썩어가는 나무)로 칼싸움을 하며 놀았지. 그러다가 대나무를 서로에게 던지며 장난을 쳤어. 참 위험한 놀이였는데 어려서 그런 걸 몰랐던 거지.

"아!"

형이 던진 대나무가 영근신 왼쪽 눈 아래에 맞은 거야. 붉은 피가 막 흘렀지. 입고 있던 런닝으로 피를 닦아. 그렇지만 신이기에 울지는 않았어. 시골이니 병원도 없잖아.

눈 밑은 조금 볼록 튀어나왔을 뿐 표도 잘 안 나.

그렇게 여섯 달이 지났어. 하루는 눈 밑이 간지러워. 손으로 만져보니 딱딱하고 뾰족한 게 손에 만져지네. 거울로 보니 대나무 맞았던 그곳에 까만 게 작게 보여.

"어무이, 요 뭐 있습니더."

"아이고, 그게 뭐꼬. 보자. 아이고 대작대기 끄터리가 들가(들어) 있네."

뭔가를 찾으러 가셔. 앞에서도 말했지만 시골이라 병원 갈 엄두도 못 내거든.

"차, 요기 누(누워) 봐라" 하시고는 손톱깎기로 그걸 잡고서 팍 빼. 영근신은 아팠겠지만 눈도 깜짝하지 않았지.

그렇게 해서 이렇게(왼쪽 얼굴 눈 아래 흉터) 보조개가 생긴 것이지. 그런데 신기한 일은 다음 해 일어났어. 피가 흘렀던 대나무 밭에 죽순이 올라오고 새로 대나무가 자라는데 그 빛깔이 빨개. 빨간 대나무가 난

191

거야. 영근신의 피가 대나무를 빨갛게 한 거지. 그리고 영근신 얼굴에서 나온 대나무 조각은 두 해가 지난 뒤에 보니 보석이 되어 있는 거야. 하하하. 이게 2646개의 영근신화 가운데 첫 번째 이야기였어.

사실 영근신화는 제 어린 시절 이야기입니다. 어릴 때 시골에서 살았던 이야기를 옛이야기와 함께 많이 해 줍니다. 그러던 것이 이렇게 신화라는 이름으로 들려주고 있습니다. 신화라지만 누가 이 이야기(빨간 대나무, 보석)를 믿겠습니까? 〈얼굴 흉터 이야기〉는 3월에 처음 들려준 이야기인데 아이들도 믿지 않았습니다.

"에이, 어떻게 그래요?"

"정말이야. 안 믿는 거니? 그럼 내가 우리 어머니에게 전화 드려 봐."

"네."

그래서 진주에 계시는 우리 어머니에게 전화를 드렸습니다. 반신반의하며 재미로 전화드렸습니다. 일흔이 넘은 우리 어머니가 어떻게 나올 지도 궁금합니다.

"네. 어머니, 제가 형하고 대나무로 장난치다가 대나무에 맞아서 눈 밑에 흉터 생겼죠?"

"응."

"어머니, 그때 제가 흘린 피로 우리 마을 대나무가 다 빨갛죠?"

(조금 걱정)

"어, 그래. 빨갛지."(하하)

"그리고 어머니, 6개월 뒤에 눈 밑에서 뺐잖아요."

"어. 손톱깎기로 뺐다 아이가."

"네. 어머니. 그때 뺀 그게 다이아몬드였죠?"

"어, 그래. 다이아몬드 맞지."(하하)

"자, 들었지? 이제 내 말 믿지?"

"네. 하하하."

짜지도 않았는데 우리 어머니 덕분에 우리 반 애들은 속았습니다. 물론 어머니가 하얀 거짓말을 하고 있다는 건 우리 반 애들도 알 겁니다. 그냥 그렇게 재미있으니 믿는 척합니다.

그 뒤로도 물고기 잡이의 신, 나무 타기의 신(공원에서 나무를 타는 시범을 보이며), 고무얼음 타기의 신, 얼음에 빠져 죽을 뻔한 이야기와 어머니에게 맞은 이야기("그때 맞은 붓기가 안 빠져서 장단지가 이렇게 굵어" 하며 마친 이야기) 따위를 달에 한 편씩 들려주었습니다.

그 가운데 한 편을 더 소개합니다.

영근신화 2탄 - 똥 싼 영근

영근신이 초등학생 때야. 아마 2학년 정도 됐을 것 같아. 참 많이 더운 여름이었어.

하루는 학교에서 공부를 하는데, 방구가 뀌고 싶어. 그런데 영근신 방구는 소리도 없고 냄새도 없어. 그러니 아무 데서나 뀌어도 되거든. 사실 오늘 공부하면서도 몇 번을 뀌었는데 몰랐지? 어쨌든. 방구를 뀐다고 힘을 줬는데 아, 글쎄 똥이 나와 버린 거야. 그것도 한 무더기나. 엉덩이 가득 똥이었던 거지. 그런데 신이니까 냄새는 안 나.

'아, 이걸 어쩐다. 일어날 수도 없고.'

아마 그때가 둘째 시간 정도 였을 거야. 그렇게 앉은 채로 집에 갈 때까지 기다렸어. 다른 동무들이 모두 집에 가고서야 일어날 수 있었는데, 근데 몇 시간 지나서 이게 의자와 딱 달라붙었네. 어이어이, 상상하지 마. 내 엉덩이 빤스에 퍼진 것과 의자에 딱 하니 달라붙은 거 상상하지 말라니까. 그러니까 상상하지 말래도.

그렇게 어렵사리 의자를 떼고서 집으로 오는 길에 큰 강으로 나가는 작은 개울이 있어. 바로 물에 뛰어 들었지. 그리고는 헤엄치는 척하면서 빤스를 빨았어. 깨끗하게. 어머니에게 영근신이 똥 싼 거는 부끄럽잖아. 그렇게 빤스를 빨고 집으로 온 이야기야.

뭐, 영근신이지만 어릴 때는 이렇게 옷에 똥도 싸고 그랬어. 영근신이

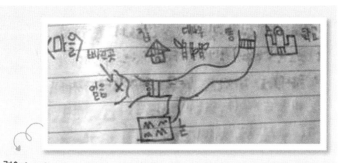

권유민이 일기장에 그린 우리 마을

라고 뭐든지 다 잘하기야 했겠니. 아 참, 하나 말하지 못한 게 있네. 영
근신이 여기 개울에서 빤스를 빨았다고 했잖아. 그런데 그해 가을 여
기 개울 아래에 있는 논과 밭은 모두 풍년이 들었어. 왜냐고? 여기 그
림을 잘 봐. 여기 개울에서 빤 영근신 똥이 흐르고 흘러 논과 밭으로
다 스며든 거지. 그 똥이 거름이 되어 풍년이 든 거고. 그해부터는 우
리 마을과 아랫 마을은 퇴비 같은 거 없이도 농사가 아주 잘 되었다는
이야기야. 하하하.

깊어가는 가을, 우리 아이들 모아놓고, 어릴 때 놀잇감(병뚜껑 두
드려 딱지처럼 납작하게 만들어 치기, 껌종이 따 먹기, 볼펜과 책받침으로
축구, 구슬치기 따위) 이야기를 영근신화로 들려주고서 병뚜껑 두드
려 딱지처럼 치며 교실에서 놀아볼까 합니다. 그때 기분이 날지 모
르겠습니다.

날적이

2013년 11월 6일 수요일

글을 쓴다는 건

넷째 시간 영어 전담 선생님이 우리 교실을 쓰는 날이다. 그래서 연구실에서 개인 시간을 가졌다. 창 너머로 들어오는 햇살이 참 좋은 가을인데, 오늘은 비가 오려는지 어둡다. 이런 날씨도 좋다. 가을 비, 참 좋은 느낌이다. 이번 주 노래가 〈너무 아픈 사랑은 사랑이 아니었음을〉이다. 김광석 노래인데, 이 가을과 잘 맞아떨어진다.

'어느 하루 비라도 추억처럼 흩날리는 거리에서.'

창 너머로 보이는 거리와 잘 맞다.

수업을 마치는 종소리가 울린다. 점심시간, 맛나게 밥 먹자는 생각으로 일어나려는데 연구실 문이 세게 열린다. 선생님과 남자 아이가 들어온다.

"어엉흐억. 왜 날 때리냐고!" 하는 아이의 울음소리에 내 감상은 깨졌다.

"자, 여기에 좀 있자!"

새로 발령 받으신 여 선생님이 아이를 달랜다. 아이는 바닥에 앉아, 발을 동동 구르며 울음을 터트리며 화를 내고 있다.

"선생님, 왜요?"

"체육 시간에 친구에게 맞은 것 같아요."

"그래요? 억울한 일이 있었나보네요."

"자, 조금 진정해보자"는 말에 더 큰 소리로 운다. 울음이 그칠 것 같지 않다.

196

"선생님, 때린 아이는요?"

"네. 체육 선생님과 있어요."

"그럼 교실 아이들 가서 챙기세요. 제가 이 친구랑 있을게요."

"네. 선생님, 죄송합니다."

"아이고, 뭐 죄송을요. 다녀오세요."

선생님이 가고 나랑 아이 둘 남았다.

아이의 억울한 마음을 글로 풀다

"자, 여기에 앉자" 하며 아이를 의자에 앉혔다. 아이가 "어엉흐억 아이

고 아야!" 하며 의자를 앞뒤로 흔든다.

"어디가 아프니?"

"흐억 어깨 허엉….."

말이 잘 될 리 없다.

종이를 두 장 가지고 옆에 보이는 사인펜을 들었다.

"여러 곳이 아픈가 보구나. 그 아픈 곳을 여기에 써 보렴."

"어엉 말로 흑흑 할게요. 흑흑."

"아니. 지금 니 말이 울음과 섞여 잘 못 알아듣겠어. 글로 써 줘 봐."

아이가 글을 써 내려 간다. 다리, 배, 머리, 어깨가 아프단다.

"그럼 그 친구가 널 때린 거니?"

고개를 끄덕인다.

"그럼 몇 대를 맞았는지 써 보렴."

곳곳을 대여섯 대씩 맞았단다. 머리는 머리채 잡아 당겼단다.

"아팠겠네."

또 흐느끼며 운다.

"그럼 그 친구가 왜 때렸는지 알려줄래?"

"체육 마치고 허엉 그냥 엉엉."

"체육 시간이었구나. 그 이야기를 글로 써 주렴."

글을 쓴다. 줄줄 풀어낸다. 막힘이 없다. 억울함을 쏟아낸다. 홀짝으로 나눠 발야구를 하는데, 진 편의 한 아이가 까닭 없이 때렸단다. 그러니 억울할 수밖에. 몇 분 정도 시간이 걸린다. 쓴 글을 내민다.

쓴 글로 이야기를 나눈다. 이제는 제법 대답한다. 그때 마침 아이 담임 선생님께서 다시 오셨다.

"선생님, 고맙습니다. 제가 할게요."

"그래요. 선생님, 아이가 많이 아팠나봐요."

선생님이 오니 아이가 다시 운다. 그래도 처음 들어올 때와는 다른 울음이다. 아마도 그때는 화가 난 울음이었는데 지금은 아파서 우는 울음이지 싶다. 많이 안정을 찾은 울음소리다.

난 전문 상담가가 아닌 선생이다. 글쓰기를 공부하는 선생이다. 그래서 이렇게 글로 억울한 아이의 마음을 풀어준다.

마찬가지로 나도 이렇게 일기를 쓴다. 내 삶을 가꾸려고.

햇살과 나뭇잎으로 닫다

오늘 마지막 시간, 어제 약속한 대로 공원에 갔다.

"자, 책 한 권씩 내어 공원으로 가서 보세요."

다행히 햇살이 정말 좋다. 공원에 도착하니 가장 먼저 여학생들이 눈에 띈다. 몇은 앉아 있었는데, 진솔이는 운동 시설에 누워 있었다.

"분위기 잡으려면 앉아서 책 보고, 책 보다 자고 싶으면 진솔이처럼 누워서 보세요."

돌아가니 정유민과 서연이가 바위에 앉아 책을 본다. 그림이다.

"선생님, 나무 위에서 봐도 돼요."

"그럼."

이리저리 책 읽을 곳을 찾던 신이는 나무에 올라서 꽤 오랜 시간 책을 본다. 교실에서도 이렇게 오랜 시간 책을 보지 않는데. 하하.

현수와 광탁이는 나무 밑에 누웠다. 나뭇잎을 가득 쌓고서는. 나뭇잎 침대를 만들어 누운 게다. 참 편하게 보인다.

다른 남학생은 많은 수가 놀이터에서 책을 보거나 놀고 있다. "남학생, 책 보자" 하니 후다닥 책 보는 모습으로 바뀐다. 그네를 타다가 책을 펴고, 미끄럼틀 안에서 위에서 책을 편다. 그거면 되었다. 그 녀석들에게는 편히 책 보며 아주 짧은 시간이라도 책을 느끼길 바란다. 모두가 책에 푹 빠져 그 시간을 다 보낼 수는 없는 것이고.

나도 의자에 앉아 가져온 책을 읽는다.

"선생님, 우리도 사진 찍어줘요."
나현이 소리가 우렁차다.
"그래" 하고 가보니 오늘 아침햇살(오늘은 공원에서 놀다가 밥 먹고서 빼빼로데이 바르게 알리기 운동했다)을 마치며 밥 먹은 정자에 누워 있다. 그 모습을 사진으로 담는다. 그러고서 나도 아주 짧은 시간 책을 본다.
공원 건너 학교에서 수업을 마치는 종이 울린다. 아이들을 모으려는데 설빈이가 내 뒤에 눈길을 준다. 나도 돌아본다. 돌아보니 운동시설에서 누워서 책을 보던 여학생 대여섯이 손에 무엇인가를 가득 쥐고서 살금살금, 지그재그로 나에게 오고 있다. '하하. 나뭇잎이구나. 장난하러 오는구나. 모른 척해야지' 하고 있으니 여학생들이 까르르 웃으며 나에게 나뭇잎을 뿌린다.
이제부터는 나뭇잎 싸움이다. 이런 신나는 놀이를 보고만 있을 아이들이 아니다. 물론 나도. 우리는 몇 분 동안 서로 뿌리고 맞으며 놀았다. 뿌리는 아이도 맞는 아이도 모두 웃는다. 주로 받는 선생도 함박웃음이다.
"자, 이제 가자. 인사하러 오렴."
그렇게 집에 가는 아이와는 껴안기 인사로, 기타 연습하러 가는 아이들과는 도란도란 이야기 나누며 교실로 왔다. 이렇게 오늘 하루를 놀며 닫았다.

"네, 싫어요."

사회 시간, 동현이와 재원이가 파워포인트 발표 준비를 한다. 그동안 우리는 사회 책을 읽으며 내용을 미리 살핀다. '누가 읽을까?' 하는 작은 부분도 생각해야 하는 게 선생으로서의 내 삶이다. '밥친구는 읽기 시간에 읽었으니 다른 애 중에서, 아 맞다. 일기에 내일 있을 연필 깎기 연습을 집에서 어머니랑 했다는 우리 서연이가 읽으면 좋겠다.'

"자, 일기에 별표(문집에 싣고픈 일기에 별표를 해 둔다) 있는 서연이, 읽어 보자."

"……."

말없이 쭈뼛쭈뼛 망설인다. 보통 때도 말이 잘 없으면서 자기 할 일 꼼꼼하게 잘하는 우리 서연이, 아직도 남들 앞에서 자기 말을 하는데 부끄러움이 많다. 많은 다른 여학생들처럼. 오늘도 그런 줄로만 알았다.

"왜, 읽기 싫니?" 하고 웃으며 물었다.

"네, 싫어요."

조금 더 다듬어 제대로 말하자

늘 그렇듯 자그마한 목소리지만 그 말에 힘이 있다. 그 말에 내가 잠시 놀랐다. '어, 왜 읽기 싫지? 기분 안 좋은 일이라도 있나?'

나랑 친한 편이라 "안 돼. 그냥 읽어" 하며 장난을 걸어본다. 착하긴 착하다. 내 말에 더 고집을 펴지 않고 눈을 내리더니 주섬주섬 무엇을 끄집어낸다.

"뭐해?" 하며 살피니 일기장을 꺼낸다. 그제서야 깨달았다. '아, 일기장에 있는 일기를 읽으라고 하는 줄 알았구나.'

"하하하. 서연아, 네 일기를 읽으라고 하는 줄 알았니?"

"네."

"아니. 나는 일기에 별표 받은 사람인 서연이 니가 사회 책을 읽으라고 한 거지."

"에에이, 선생님, 선생님이 별표 받은 일기 읽으라고 하셨잖아요." 다른 아이들이 서연이를 돕는다.

"그래? 난 사회 책 읽으라는 건데, 혹시 일기 읽으라고 들은 사람?"

2/3가 손을 든다.

"그래? 그럼 미안. 서연아, 사회 책 읽자."

참 작은 일이지만 드는 생각이 있다. 당당함, 서연이가 자기 일기를 읽지 않겠다는 자그마한 목소리지만 그 당당함이 좋다. 나는 읽지 않으려는 게 일기가 아닌 줄 알고 "읽어" 했지만 그게 일기였다면, "그럼. 알았다" 했을 거다. 그만큼 일기는 아이의 삶이기에 아이 뜻에 따라야 한다. 또한 선생으로서의 내 말을 조금 더 다듬어야 한다. 아이들이 오해하지 않도록 조금 더 제대로 말해야 한다.

칼로 연필 깎기

점심시간에 세욱, 현수, 신이와 학교를 나갔어.

문방구에서 연필을(B) 세 상자 샀어.

여섯째 시간에 연필을 칼로 깎기 위해서야.

연필을 한 자루씩 아이들에게 줘.

빼빼로 데이를 하지 않는 대신 주는 선물인데, 그 말을 못했네. 아쉽다.

그래도 괜찮아. 받는 표정이 다들 좋으니.

"자, 커터 칼을 세 칸 정도 밀고 칼을 잡아요.

그리고 반대 엄지손가락 칼날 등에 얹어요.

그 손가락을 천천히 밀면서 깎아요."

1모둠부터 깎는 모습을 보이며 교실을 한 바퀴 돌아.

"와, 선생님, 왜 이리 잘 깎아요?"

"자주 했으니까."

연필을 칼로 깎는 목적이지.

연필을 칼로 깎는 경험.

'어쩜 이리 집중할까!'

'어쩜 이리 정성을 다 쏟을까!'

아이들 표정에서 감동해.

연필 심을 뾰족하게 하는 아이

심을 부러트리고 또 부러트리는 아이

아주 조금 아주 조금씩 조심스레 깎는 아이

안 된다며 짜증 섞인 말하며 웃는 아이

깎은 곳이 정말 짧아 모양이 귀여운 아이

어느 것 하나 같은 게 없다.

"다 깎은 사람은 깎은 연필로 연필 깎은 소감을 써 보세요."

글똥누기에 연필 깎은 이야기를 담아.

다 깎았어.

난 모둠에서 하나씩 잘한 것을 가려 뽑아봐.

단지 '재미'야.

그 가운데 서연이와 현서 것이 좋다고 칭찬해.

싱긋이 웃는 서연.

"와, 일등이다" 하며 좋아하는 현서.

"현서야, 보자. 와, 정말 잘 깎았다" 하는 아이들.

"괜찮아. 어쨌든 재미있었으니" 하는 현수.

등수가 중요한 시간이 아니지.

아마도 내일은 오늘 준 노란 연필을 들고 공부하겠구나.

그러며 부러지면 칼로 깎겠지.

"선생님, 이게 제가 깎은 거예요" 하는 자랑이 많으면 좋겠다.

마주이야기

◇◇◇

1 "첫째시간 보건이라네."

"와~"

책상 위에 있던 신문 몇 개를 들고서 내 책상을 탕 친다.

"뭐야, 아 정말, 내가 싫은 거야!"

"하하하."

2 "오늘 나들이 나가요?"

"아니. 춥잖아."

"잠바 입으면 돼요."

밥친구 광탁이가 밥 다 먹고서 나가잔다. 광탁이가 원하는 재궁공원에

갔다. 추운 날씨에 바람까지 많이 분다. 그래도 햇살이 참 좋다. 나오길

잘했다.

3 "이건 9.8은 줘야죠."

미술 시간에 만든 작품에 점수를 매기며, 만든 아이에게 "몇 점 받을

래?"라고 묻는다. 옆에 있던 아이들이 자기 작품이 아닌데도 높은 점수

를 주란다.

④ "아싸, 이번에는 내가 이겼다."

현진이를 만날 때면 늘 손바닥 부딪히자고 손바닥을 든다(하이파이브). 그러면 늘 가위를 내어 손바닥인 보를 이겼다고 웃으며 간다. 오늘 미술 수업을 다 마친 현진이에게 손바닥을 드니 미술에 집중한다고 미처 생각하지 못했는지 손바닥을 내민다. 내가 가위를 냈다.

⑤ "이리 와요."

"하하하."

"퍽!"

나보다 덩치 큰 설빈이가 요즘 나에게 몸을 밀치기를 좋아한다. 그만큼 친해진 것 같다. 요즘 설빈이가 날마다 수업 시간 메모를 하며, 복습장을 참 잘해 칭찬을 많이 한다. 싫어하던 수학 시간에도 참 열심이다. 내가 하는 칭찬은 몸으로 부딪히기다. 그러면 가만히 있지 않고 나를 더 세게 민다.

"너 지금 선생님을?"

또 "퍽~!"

⑥ "뽕."

"하하하하하."

지금 일기 쓰다가 나도 모르게 나온 방구다.

기타치고 집에 가려던 정지은, 채현, 이수민이 웃는다.

"집에 가서 일기 써야지. 하하하하하."

"아, 쓰지 마."

"어차피 선생님밖에 안 보잖아요."

"아, 그렇지…" 하면서 돌아서는데.

"우리 엄마도 봐요. 하하하하하."

먼저 '사랑해'라고 말해줄 것을…

남아서 내일 있을 영어 말하기 대회를 준비하던 광탁이가 집에 간다. 나가는 탁이를 불렀다.

"탁아, 내가 듣고 싶은 말 한 마디만 해 주지."

광탁이는 "음, 그게 뭘까요?" 하며 앞문에 목만 빼곳이 내고서 웃는다. 나도 의자에 턱을 괴고서 웃으며 그 말을 기다린다.

"한 마디만요?"

"응. 하고픈 말."

"음, 그럼 안녕히 계세요."

"음으음." 슬프고 힘 빠진 표정을 짓는 나.

"다른 말이요?"

"응" 하니 광탁이가 곰곰히 생각한다. 그러고는 "잘 생각이 안 나요" 하며 웃는다. "사랑해요"라는 말을 듣고 싶은데, 그걸 모를까' 하는 생각이 들 때쯤, 광탁이가 "수업시간에 조금 더 잘 듣죠. 뭐" 하며 웃고는 문을 닫는다. "사랑해" 하는 내 말이 닫힌 문에 튕겼다.

'수업시간.'

광탁이가 오늘 교실 체육 시간에 체육 선생님 말씀을 듣지 않아 내 앞에 와서 잠시 앉아 있었지. 점심때는 뛰어다니다가 맨 마지막에 먹었지. 그런 게 마음에 남았나보다.

듣고 싶은 말을 기다리지 않고 내가 먼저 "사랑해"라고 말해줄 것을.

올 들어 가장 크게 화가 난 날

체육 선생님께서 워낙 좋으신데 그걸 아이들이 헤아리지 못한다. 안타깝다. 지난주에도 체육을 마치고 들어와서는, "즐겁게 활동할 때는 하더라도 선생님께서 말씀하실 때는 조용히 좀 해 주세요" 했는데. 오늘도 그런 상황이다.

"언제 조용히 할래? 이야기할 시간 좀 줄까?" 하는 선생님의 실망한 말씀에도 마찬가지다. 물론 내가 "조용히 해야지" 하거나 이름을 부르면 조용해지겠지. 그런데 체육 시간은 체육 선생님의 시간이다. 내가 함부로 들어가서는 안 된다. 선생님이 하고픈 수업이 있는 것이고, 선생님

나름의 지도법이 있는 것이다.

"너희들 원래 이랬니?" 하시는 말씀에 나까지 화가 난다. 11월, 이제 학급문화가 다 자리 잡혔고, 알건 알 시기인데 지금 이런 말을 듣는다는 것은 뭔가 문제가 있는 게다. 그게 뭘까?

곰곰이 생각해보니, 너무 떠든다. 체육 시간 뿐만 아니라, 쉬는 시간에도 그렇다. 물론 잘 어울리는 모습은 늘 칭찬한다. 함께 어울려 노는 것은 우리 반의 아주 좋은 모습이다. 그런데 그걸 할 때와 하지 않을 때를 구분하지 못한다. 나와 있을 때와 달리 전담 선생님들께 그런다. 그 말은 지금 나와 있을 때 잘하는 것이 스스로 하는 것이 아니라 내가 무서워서 하는 것으로 밖에 비치지 않는다. 그건 좋지 않다. 스스로 해야지.

오늘 그 절정을 보게 된 것이다. 어제 체육 시간에도 체육 선생님께서 힘들어하셔서 조심스레 여쭤보고서 셋을 불러 앞에 앉혀두기도 했는데, 오늘은 어제보다 더 심하다.

보통 이럴 때 그 중심을 잡아주는 아이들이 있다. 해마다 리더십이 있는 아이들이 있다. 그런데 오늘은 그런 아이들이 보이지 않는다. 임원들도 마찬가지다. "뭔소리에요?" 하는 말을 몇 번이나 하기도 한다. 이건 아니지. 여학생 몇은 자기들끼리 이야기한다고 선생님 말씀에 관심이 없다. 남학생 몇은 선생님 눈을 피해 장난치기 바쁘다.

점심시간에 혼자서 밥을 먹으며, 미술 시간에 지금까지 찍은 사진을 학급누리집에 올리며 생각했다. '왜 그럴까?'

생각

온종일 생각한다. 어제 일을.

'어제 나는 왜 화가 났을까?'

'화를 낸 것은 체육 시간에 체육 선생님이 말씀하실 때 떠들고, 선생님 말씀을 듣지 않아서였다.'

'그것이 아닌 다른 것이 있었나?'

'없다. 나하고 지내면서는 혼날 일이 거의 없다.'

'그럼 체육 시간에 체육 선생님 말씀하실 때 말을 잘 들으면 화가 안 나겠네. 그 방법은 어떤 게 있지?'

'미리 말하거나, 체육 시간 떠들 때 그 순간 바르게 하자고 말해야지.'

'체육 시간에 내가 끼어드는 것은 체육 선생님께 죄송하니, 미리 말해야 겠구나. 지금까지는 말하지 않았지. 마치고서 말했지 미리 말하지는 않았지.'

'그럼 체육 선생님이 말씀하실 때는 하던 말이나 행동을 멈추고서 듣자고 미리 말을 해야겠네.'

'그리고 교실에서 나와 수업할 때와 다른 모습이 많아. 그건 왜일까?'

'내가 무서워서 그럴까? 아니면 전담 선생님들이 부담이 적어서 그럴까?'

'사실 전담 시간은 내 수업이 아니니 관여할 수 있는 게 한정 돼. 그럼 이

것도 보내기 전에 한 번 더 이야기 해야겠네.'

'전담 선생님들께 혼나거나 지적 받는 문제점에는 어떤 게 있지?'

'공부에 집중을 잘 못하지. 그리고 전담 선생님들께 미안하고, 부끄럽
지.'

'그럼 이런 이야기로 스스로 잘 지키도록 이끌어야겠네. 화를 내고 벌을
주기보다 스스로 할 수 있도록 해야지.'

'미리 한 번 더 말하고, 지난번처럼 스스로 어떻게 할 것인지 자주 이야
기 나눠야겠네.'

'기타 동아리가 요즘 다른 친구들보다 더 많은 지적을 받는 것은?'

'그건 또 다시 생각하자. 오늘은 여기까지만 생각하자.'

마칠 때 한 마디.

"자, 오늘 참 많은 생각을 했어요. 어제 화를 낸 것에 두 가지 말을 해 줄
게요. 하나는 앞으로는 내가 수업하기 전에 미리 말을 할게요. 선생님
말씀을 잘 듣자고. 그리고 여러분도 스스로 조금 더 수업에 충실하려고
애써 주세요."

아이들에게서 힘을 얻는다

어제 여러 생각으로 마음을 다잡았지만 원래대로 잘 돌아오지 않았다. 아침에 교실에 들어오니 아이들이 인사하며 웃는다. 난 어색하게 웃는다. 하하.

"서연아, 오늘 시 칠판에 좀 쓰자."

'시로 여는 아침'을 하는 날인데, 시를 쓰는 소희가 늦는지 안 보인다. 서연이가 키가 크고 글씨도 잘 써 부탁한다. 새침한 서연이는 대답도 없이 나와서는 내가 준 책《일하는 아이들》을 보며 쓴다.

공부

경북 안동 대곡분교 3학년 김일겸

아버지가 공부를 못한다고
막 머라 하신다.
통신표 나오는 것 보고 모두 못하면
지지바고 남자고 호채리 해다 놓고
두드려 가며 갈챈다 하신다.
또 물을 떠다 놓고
눈까리를 씻거 놓고

공부를 갈챈다고 하신다.

(1970년 5월 16일)

칠판에 쓴 시를 종합장에 옮겨 쓰는 아이들이다. 그러면서도 아침 한 줄
쓰기인 글똥누기를 하고서는 나에게 가져온다.

'오늘은 시가 참 재미있다. 알게 모르게 호감이 간다. 오늘은 꼭 잘 꾸며
보아야겠다.'(현수)
'시로 여는 아침을 하는데 사투리가 너무 재미있다.'(세욱)

재원이는 온라인으로 주문한 기타가 오늘 온다고 한다. 그래서 어제 권
유민이 재원이와 기타 치면서, "너도 기타 동아리 해"라고 말했나보다.
재원이까지 들어오면 반 아이 30명 중 21명이 기타 동아리가 된다. 그래
도 들어오면 좋겠다.

'어제 선생님 책인 《초등 따뜻한 교실토론》을 샀다. 그래서 오늘 읽어 볼
것이다.'(광탁)

광탁이네에서 내 책을 샀나보다. 사실 광탁이 아버지는 내 고등학교 한
해 선배이시다. 6월에 아버지 모임에서 뵙고 알았다. 그렇지만 다른 분
들이 있으니 서로 존칭을 한다. 그게 가장 무난하다. 내년에 학부모와

담임이 아니면 선후배로 만날 수 있으려나? 그건 내 하기 나름이겠지만. 광탁이 어머님이 광탁이 동생들을 위해 《개똥이네 놀이터》도 계속 구독 신청하고, 《백창우 노래 음반》도 사셨다더니. 그런데 광탁이가 내 토론 책을 읽으며 재미있으려나.

힘을 안 낼 수가 없다

'오늘 난 영근 선생님이 힘들어 보였다. 영근샘 힘내세요.'(신이)

"신이야, 왜? 내가 힘들어 보여?"
"예."
"왜?"
"그게…"
"그럼 그거 글로 써 주라."

'목소리가 평소처럼 크지가 않고 피곤해 보이고 안 웃으셔서.'(신이)

가끔 일기에 날더러 '천사 탈을 쓴 악마'라고 하거나, 주말이 오면 '기분이 좋다. 왜냐하면 악마한테서 벗어나기 때문이다. 그 악마는 주름살 샘이다'고 하는 신이. 언제나 느낀다. 신이가 내 사랑을 참 좋아한다는 것을. 그런데도 난 턱없이 모자란 사랑을 주고, 이렇게 큰 사랑을 받는다.

어제 일기도 이 이야기다. '난 오늘 어제 선생님이 체육 시간에 많이 실망을 하셔서 죄송했다. 체육 선생님께도 죄송했다. 영근 선생님이 힘내시면 좋겠다. 영근샘 힘내세요!'라고 썼다.

힘을 안 낼 수 없다.

이렇게 얻은 힘, 아이들에게 다 쏟아야지.

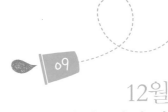

12월
아침 해넘이와 해맞이

아침을 깨우는 아이들

'어유, 추워라. 이렇게 추운데 누가 나왔을까?' 하며 집을 나섭니다.

아직 해가 뜨지 않아 어두운 학교, "선생님" 하는 아이들 소리에 돌아보니 주차장에 있는 아이들 몇이 보입니다. 눈만 빠꼼하니 보입니다. 털옷에 모자까지 쓰고서 중무장을 했습니다. 아침에는 영하로 뚝 떨어진 날씨라 중무장을 해도 살이 얼 듯 춥습니다. 아이들은 연신 하얀 입김을 내뿜습니다.

이렇게 추운 날에도 아이들이 나온 까닭은 '아침햇살'을 하기 위해서입니다. '아침햇살'은 우리 반에서 하는 아주 특별한 활동입니다. 주에 한 번 아침 일찍(7시 또는 7시 30분) 동무들과 만나 함께 산

을 오르는 모임입니다. 산에 오늘 시간이 없거나 여건이 여의치 않을 때는 학교 옆 공원에서 놀거나, 학교 안에서 놀기도 합니다. 장소가 어디인가도 중요하겠지만 그보다는 동무들과 함께 어울리며 노는 것에 가치를 둡니다. 몇 해 전까지는 토요일 아침에 했는데 토요일 학교에 가지 않으니 요즘은 보통 금요일 아침에 하고 있습니다.

아침햇살, 속살을 조금 더 들춰봅니다. 7시 30분에 학교에서 아이들과 만납니다. 만나서는 함께 학교 옆에 있는 산에 오릅니다. 수업 시간 전에 마쳐야 하니 산에 높이 오를 수는 없습니다. 30분에 오갈 수 있는 곳까지 함께 오릅니다. 저는 우연히 가는 곳마다 뒤나 옆에 산이 있었습니다. 의왕초등학교 뒷산 모락산이, 상록초등학교는 옆에 나지막한 산이, 군포 양정초등학교는 길 건너 산입니다. 산에 오르며 탐험도 하고, 놀이도 합니다.

산에 올라서는 함께 도시락을 먹습니다. 도시락은 집에서 싸 오는데, 겨울에는 보온밥통에 많이 싸옵니다. 날이 차서 제대로 앉을 곳도 없지만 함께 먹는 밥은 언제나 맛이 좋습니다. 밥을 먹고서 교실로 오면 8시 30분을 조금 지납니다. 8시 40분부터 학교 일과를 시작하니 딱 맞습니다. 아침햇살은 우리 반 모두가 참여해야 하는 강제성이 없습니다. 원하는 아이들만 함께 합니다. 다만 아침햇살을 하고서 아침을 여는 아이들 얼굴 표정이 다른 아이들보다 훨씬 살아 있습니다.

12월에 눈이 오는 날 아침햇살은 조심스러우면서도 재밌습니다. 오르내리는 거리를 줄여 천천히 오르며 안전하게 갑니다. 뻥 뚫린 평지에서는 눈싸움을 하기도 합니다. 눈이 가득 쌓인 나무 아래에 아이들을 모으고서는 나무를 흔들어 눈을 쏟아 내리기도 합니다. 눈이 가득 쌓인 산에서 여는 아침이 참 좋은 12월입니다.

해넘이 아침햇살

초등학교는 보통 12월 25일 크리스마스 앞뒤로 방학을 합니다. 방학을 하면 학생들과 만날 일이 없습니다. 그렇지만 우리 반은 12월 31일 아침에 만납니다. 아침햇살을 하기 위해서입니다.

방학하는 날 "12월 31일 아침에는 해넘이 아침햇살을 할게요. 올해 마지막 해를 보며, 한 해를 돌아보고 하루 앞둔 새 해 소원을 함께 빌게요. 방학이면 아침잠이 많아지는 게 당연하지만 그날만 아침 일찍 일어나 모였으면 해요. 물론 올 사람만 오면 돼요. 안 온 사람은 12월 마지막 날 밤에 꿈속에 내가 찾아갈게요. 하하" 하며 아이들에게 꼭 알려둡니다. 동무들과 함께 춥지만 새해 소원을 비는 모습이 참 정겹습니다. 두 손을 꼭 잡고 떠오르는 해를 보며 소원 비는 모습이 어찌나 진지한 지 꼭 이뤄질 것 같습니다. 소원을 빌고는 어떤 소원인지 묻기도 합니다. 그런데 소원을 다 말해주는 아이는 많지 않습니다. 마음으로 담기 위함이지 싶습니다. 그리고서 추운 산에서 함께 밥을 먹습니다. 다른 때는 밥 먹고 내려온다고 바쁜데, 이날은 그럴 필요가 없습니다. 여유롭게 내려와서는 신나게 함께 놀기까지 합니다.

: 영근샘 일기 :

참 추운 2010년 12월 31일 아침에 우리는 아침햇살을 했다.

영하 13도. 이번 겨울 들어 가장 추운 날이란다.

그래서였을까? 생각보다 조금 적게 나왔다. 민석, 수민, 희훈, 경현, 태건, 주은, 나연, 문서영 여덟이다. 열은 될 줄 알았는데^^

추워서 못 나왔겠지. 그래도 나오지. 추위에 떨며 고생 좀 하지. 원래 고생을 해야지 그 추억은 더 오래 남는 법인데.

우리는 손을 호호 불며 발을 동동 구르며 함께 산에 올랐다. 조금 오르니 몸에서 조금씩 열이 난다. 장난도 치면서 오르니 추위는 벌써 잊은 지 오래다.

떠오르는 햇살이 참 좋다.

우리는 손을 모으고서 함께 소원을 빌었다.

나도 빌었다. 더 마음을 굳게 먹게 해 달라고. 무엇이라도.

그리고 우리는 준비해 온 아침밥을 먹는다. 나는 나연이가 준비해 온

국수를 먹었다. 참 고맙다.

: 아이들이 쓴 글 :

문서영 : 오늘 아침햇살, 진짜 추웠어. 그래도 우린 소원 빌었다.

나연 : 나도 소원 빌었지~ 근데 춥긴 춥더라. 그래도 이렇게 언제 소
       원을 빌어보겠나.

조경현 : 나 아침햇살 갔는데 2명쯤 그 정도 애들이 나올 줄 알았는데
        많이 나와서 재밌었어. 추워도 재밌다.

12월 31일 해넘이 아침햇살을 그해 우리 반 제자들과 한다면, 새해 1월 1일은 의왕초등학교 제자들과 만나서 해맞이를 합니다. 학교 뒷산 모락산에 올라 해맞이를 합니다. 물론 해마다 하지는 못합니다. 되도록 해마다 하려고 하지만, 제가 할 수 있을 때에 문자를 보내 연락을 드리고서 합니다. 이때는 제가 의왕초등학교에서 6학년 2년, 1학년을 3년 했으니 다섯 기수의 제자들과 학부모가 함께 합니다.

아침에 만나서는 기수별로 그 수를 헤아립니다. 해마다 나오는 수가 줄어들지만 그래도 잊지 않고 시간 맞춰 나오는 아이들, 이제는 대학생이 되어 나보다 훨씬 큰 아이들이 된 제자들이 참 고맙습니다. 1학년일 때 만든 9기 아버지 모임도 늘 함께 하십니다.

산에 함께 올라서는 해가 뜰 때까지 이야기며 간단한 놀이를 하다가, 함께 해맞이를 합니다. 새해 첫날 아침에 올라오는 해는 언제나 감동입니다. 저도 두 손을 모으고서 소원을 빌어봅니다. 해맞이 명소에 뒤지지 않는 모락산 해맞이입니다.

새해 아침 7시에 영근샘과 참사람 모든 기수 학부모와 아이들이 함께 모락산에 올라 새해아침을 맞이하기로 약속되어 있었다.

산에 오르니 9기 가족(영근샘/정림/채원/사빈/신영/가람/희준/재민/다혜)과 10기 몇 가족, 7기와 6기 학생까지 도착하여, 약 40여 명이 해맞이 아침햇살에 참석했다.

약간은 부시시한 모습이지만, 새해 첫날 서로에게 나누는 새해인사와 덕담은 핸드폰 문자보다 정겹고 따듯했다.

산중턱(해맞이 하는 장소)에서 일출을 기다리며 옹기종기 모여 있으려니 추위가 만만치 않았지만, 신영엄마가 준비한 따뜻한 커피와 사과, 밤, 대추가 있어 잠시 나마 추위를 달랠 수 있었다.

"우리 추운데 꼬리잡기 하자"

영근샘의 말에 꼬마들과 아빠, 엄마들까지 함께 참여하여 가위바위보를 외치며 막간을 이용해 추위와 지루함을 달랬다.

모두 동쪽을 바라보며 일출을 기다리고 있는데, 저기 동쪽 청계산 너머에 붉은 빛이 물들기 시작하며 새해첫날 일출이 시작되고 있었다.

봉우리위로 빨간 불덩이가 조금씩 올라오자, 함성이 터진다.

"올해 소원 세 가지씩만 빌어보세요"라고 영근샘이 외쳤다.

찬란한 아침햇살을 배경으로 기축년 새해 아침 단체 사진과 가족 사진을 촬영하고 모락산을 내려왔다.

그 어느 해보다 기분 좋고 행복하고 멋진 한 해가 되리라 생각한다.

2009년 1월 1일

참사랑 9기 정림 아빠

다섯 개

넷째 시간 영어 수업을 마치고서 **가 내 앞으로 오더니, "처음으로 5
점 받았어요" 하며 활짝 웃는다. "뭔데?" 하니 "영어 단원 평가요" 한다.
기분이 참 좋은 갑다. 영어를 거의 몰라 늘 힘들어하는데.

"선생님, 맞아요. ** 천재에요." 이로와 광탁이가 옆에서 맞장구를 친
다.

"정말 5개 맞았어요." 은진이다. 이어서 하는 말이, "**가 다섯 개 맞으
니까 제가 백 점 맞은 거 보다 더 보람 있어요" 한다.

영어 시간이면 ** 옆에서 공부를 돕는다는 은진이다. 장난치기 좋아하
고 영어가 어려운 우리 ** 때문에 늘 힘들다고 하던 은진이다. 그런데
이번에 다섯 개를 맞으니 이렇게 기분 좋아한다. 내 것을 나눠 함께 하
는 동무가 가져간 것을 좋아한다. 내 것을 나누고 동무가 가져갔지만 둘
다 가진 거다. 이게 '배움의 나눔'이다.

"○○도 1번이 어려웠거든요. 그런데 맞았어요." 권유민이 좋아한다.

솔이도 나에게 들뜬 목소리로, "선생님, 오늘 기분 좋아요. 기뻤어요.
영어 12단원 평가에서 1번이 어려웠거든요. 그런데 ○○이가 맞았어요"
한다.

나눠서 더 커지는 배움

**보다는 영어를 잘하는 편이지만 역시나 영어를 힘들어 하는 ○○이다. 그런 ○○이가 요즘 참 열심이다. 학교에 가장 먼저 와서는 교실 바닥을 대걸레로 닦는다. 그리고는 앉아서 어제 배운 것을 삶 공책에 정리한다. 아주 자세하고 정성껏 담는다. 하루 지난 것을 이렇게 할 수 있는 것은 수업 시간에 수첩을 옆에 두고서 배운 내용을 써 두기 때문이다. 내가 칠판에 쓰는 내용, 수업 시간에 교과서에서 줄 긋거나 중요하다고 생각하는 것을 다 써 둔다. 그러니 얼마나 열심히 듣는지 모른다. 하나라도 놓칠까 하고는.

이렇게 수첩에 기록을 남기는 건 우리 **도 마찬가지다. 한 달 전에 옆에 짝이 수첩에 배우는 내용을 정리하는 것을 보더니, 공책에 따라서 하길래, "**야, 수첩 하나 줄까?" 하며 준 수첩에 시간마다 그 내용을 쓴다. "선생님, ** 전담 시간에도 수첩 가지고 다니며 써요. 그러니 예전보다 훨씬 더 조용해요" 한다.

이런 노력이 열 문제에서 다섯 개를 맞게 한 것인지는 잘 모르겠다. 문제가 쉬웠을 수도, 선생님이 답을 쓸 수 있도록 문제를 냈을 수도 있다. 그러나 내가 요즘 ○○이와 **를 자주 칭찬하는 건 이런 결과 때문이 아니다. 둘은 지금 이 순간 둘이 할 수 있는 최선을 다하고 있다는 것이다. 그런 노력을 칭찬하는 것이다.

마이 뭇다

아침햇살에 햇살이 참 좋다. 잎이 떨어진 앙상한 가지로 햇살이 강하게 비친다. "얘들아, 햇살을 등지고 사진 한 번 찍자"며 해와 마주섰는데 눈을 뜨기 쉽지 않다. 그만큼 햇살이 좋은 날이다. 요즘 미세먼지로 이런 햇살을 보기 쉽지 않았다. 그래서 더 좋다.

산을 도는 시간이 많이 줄었다. 지난주에는 산 나들목에서 길이 아닌 탐험을 했다. 그랬더니 밥 먹는 시간이 빠듯했다. 그래서 오늘은 그냥 길을 따라 걸었다. 그러니 금세 가로질러 반대편으로 내려온다.

사실 탐험을 하지 않은 까닭도 있지만 그것보다는 산에 계속 오르다보니 다리에, 몸에 힘이 붙어서다. 날 앞질러 저만치 가 버리는 아이들이다. 산에 오를 때는 내 뒤에 서서 가는 게 약속이지만 나지막한 산이고, 가을 산(나뭇잎이 많이 쌓여)이라 그냥 됐다.

"나뭇잎이 정말 없다. 그지?"

"네. 여름에 왔을 때는 여기에 가시가 있어서 겨우 나왔는데."

"그러게."

이렇게 내려와서는 밥을 먹었다. 늘상 먹는 공원 정자에서 밥을 먹었다. 나는 손가락만 내민다. 핑계를 대자면, 아침 5시 30분에 집에서 나와 배드민턴 치고, 집에 정순샘 데려다 주고는 희문을 바로 태우고, 희문이 중학교 내려주고 바로 오니 아침 먹을 시간도 도시락 쌀 시간도 없다.

"이거라도 가져갈래?" 하며 정순샘이 내민 바나나도 뒤로 하고 그냥 나왔으니.

아이들이 날 먹여 살린다

정자에서 펼친 먹을거리가 참 좋다. 아, 재민이는 내 것을 챙겼다. "선생님 먹을 거 여기 있어요" 하며 산에 올랐으니. 재민이가 주는 건 잡채만 두 셋이다. 참 고맙다. 늘 재민이 어머니는 이렇게 뭔가 하나를 꼭 챙겨 주신다. 하나 반은 내가 먹고, 하나 반은 광탁이 입에 넣어줬다. 그러며 광탁이 손에 들고서 먹던 삼각김밥을 한 입 베어 먹었다.

"탁아, 니 도시락 가방에 보니 삼각김밥이 많네" 하며 잠바 주머니를 벌리고는 "여기" 하며 머리짓을 했다. 광탁이는 하나를 꺼내 내 주머니에 넣는다. 역시 눈치가 빠른 광탁이다.

반대편에서 먹던 곳으로 가니 도시락이 많이 보인다. 민성이가 펼친 도시락에는 시금치가 제맛이다. "민성이는 또 시금치네. 역시" 하며 민성이 숟가락을 들고는 밥에 시금치를 한 잎 가득 먹었다. 민성이는 젓가락으로 쬐금씩 먹는다.

동현이는 길쭉한 만두를 구워왔다. 그 만두도 하나 짚어서 먹는다. 맛이 좋다. "준환아, 니 초밥도 하나 먹자. 원래 유부초밥 싫어하는데 먹어야겠다." 유부초밥을 싸 오는 아이들이 많은데, 사실 별로 좋아하지 않아 잘 안 먹는다. 그런데 오늘은 먹어야겠다. 준환이가 삐치지 않게(완전 내 생각).

잠시 유민이가 가져온 감을 하나 먹으며 또 먹는다. 다음에는 솔이가 가져온 도시락에 어묵과 김치를 하나 먹는다. "아이, 이거 제 반찬이요" 하는 솔이 목소리가 귀엽다. 옆에 있던 승민이 것을 먹으려니 된장국에 만 것 같다. "국에 말았나?" 하니 뭐랬는데 잘 모르겠다. 이렇게 섞은 것을 먹기는 미안해서 포기. 우리 현수가 싸온 볶음밥을 두 번 떠먹는다. 이제 다 먹었나? 아니다. "선생님, 이거 엄마가 애들이랑 나눠 먹으라며 싸 줬어요" 하며 과일 샐러드를 한 통 내 놓는다. 샐러드가 시원하니 좋다. 배가 부르다. 재민이가 싸 온 사과는 지나가던 부장님 딸 민지에게 줬다. 내가 생색을 냈다.

그 순간 땀을 흘리며 산을 돌더니 샌드위치를 맛나게 먹던 설빈이가 "대박 차가워. 현수야, 뜨거운 물 좀 줘" 한다. 현수가 자기 물통을 바로 내민다. 설빈이가 물통을 받아 바로 입에 붓는다. 그러더니 말없이 반사적으로 물을 뱉는다. "아, 대박 뜨거워" 하더니 자기 물통에 물을 입에 붓는다. 그 모습이 재미있어 나도 웃는다. 현수는 한참을 고개 들지 못하고 웃는다. 물을 마시고는 설빈이도 함께 웃는다. 이렇게 잘 나눠 먹는다. 이렇게 배불리 먹고 신나게 웃으며 하루를 열었다.

산에 가지 말고 공원에서 놀자는 의견도 있지만, 이제는 계속 산에만 갈 거다. 이제 앞으로 아침햇살도 12월에 두 번, 2월에도 두 번 정도 남은 것 같다. 산으로만 갈 거다. 눈이 내린 다음날이 있으면 더 좋겠다. 눈이 가득 쌓인 산길을 걷고 싶다.

애썼다

올해 마지막 시험으로 많이 아팠다. 시험으로 힘들어하는 일기들을 보며 많이 아팠다. 그걸 막아주지 못하니 더 아팠다. 그래도 서로 도와가며 함께 하는 모습이 고마웠다. 말 한 마디에 늘 고마웠다. 힘들면서도 "우리 즐겁게 시험 공부하자"는 말에, "네!" 하는 아이들이었다. 고맙다.

사실 오늘 시험지를 채점하며 낮은 점수를 받은 아이들의 시험지를 보고 많이 아팠다. 얼마나 힘들었을까? 모르는 것을 얼마나 힘들게 봤을까? 그런 모습에서 많이 함께 아프고, 나를 돌아봤다. 이런 일이 나에게 조금 더 선생 노릇 잘해야 하는 숙제를 준다.

'선생으로 잘 산다는 게 뭘까?' 아이들이 문제 푸는 모습에, 아이들이 푼 시험지를 보며 계속 머리에 있는 물음이다. 아직도 이 물음에 제대로 답하지 못하고 있다. '지금 나는 선생으로 잘 살고 있나?' 물으면 또 선뜻 대답이 잘 나오지 않는다.

어쨌든 나에게 내일부터 한 달 남짓 우리 참사랑땀 14기와 마무리로 들어가야 한다. 칠판에 편지를 썼다.

'시험을 마치니 놀게 정말 많아요. 물론 내 삶에 충실하면서 놀아야죠. 놀고 싶은 게 뭐가 있나요?'

남은 한 달은 일기를 날마다 쓰도록 하면서 학교에서 조금 더 즐겁고 알찬 시간을 보내야겠다. 조금 더 자기가 보고픈 책 읽을 시간을 주고, 바깥에서 동무들과 함께 놀 시간을 많이 줘야 한다.

2월까지 아이들과 함께 살 남은 한 달, 선생으로 잘 살아보자.

그러나 지나보면 또 후회할 거다. '조금 더 잘 살 걸' 하며.

서로에게 주는 상장

오늘부터는 5교시 수업이다. 마지막 5교시는 미술이다.

"오늘은 상장을 만들게요. 지난번에 어버이날 때 부모님을 위한 효도 책 만들 때, 부모님께 드리는 상장을 만들었잖아요. 그것처럼 상장을 만들게요. 그런데 이번에는 부모님이 아니라 동무에게 주는 상장을 만들게요."

이럴 때는 인기 좋은 아이들과 그렇지 않은 아이들의 즐거움이 다르다.

"자, 그런데 모두가 다 상을 받아야 좋죠. 그리고 어제 칭찬 샤워를 했듯 모두가 칭찬 받을 게 있어요. 그래서 우리 개인 뽑기 프로그램으로 뽑아서 나오는 사람에게 주는 상장을 만들어 봐요."

그렇게 한 명씩 뽑고, 뽑힌 동무에게 상장을 만든다. 아주 정성껏 만든다. 그러면서도 정말 시끄럽다. 되도록이면 그대로 둔다. 오후에는 학년 말 행사로 즐겨야하니. 그렇게 만든 상장을 주고받는다.

마지막(?) 비빔밥

갈수록 방학이 다가온다. 방학이 다가올수록 14기도 함께 할 시간이 줄어들고 있다. 오늘은 전담 시간이 많아 학년말 활동으로 할 시간이 없었다. 음식경연대회는 다음 주 월요일에 하고, 연극대회는 금요일, 아이들이 하자는 짝축구도 금요일에 할까 한다.

이렇게 아쉽고 미안하게 하루를 보내려나.

"선생님, 빨리 오세요."

"왜?"

"비빔밥이 나왔어요."

4교시 영어 전담에 연구실에 와서 《이오덕 일기》를 보고 있는데 현서와 은진이가 헐레벌떡 와서 하는 말이다. 얼굴에 즐거움이 가득하다.

"그래? 비빔밥이라고?"

"네. 비빔밥이에요."

"그럼 영근신표 비빔밥 하하."

"네. 영근신표 비빔밥요."

교실에 오니 "와, 선생님, 비빔밥이요" 하는 목소리들이 튀어 나온다. 비빔밥 하나로 오늘 느낄 즐거움을 다 느끼는 우리 아이들이다. 배식 모둠에서 나물을 밥판에 통채로 붓고 있다. 달마다 한 번씩 비빔밥이 나올 때마다 하는 것을 봤으니. 나는 통에 있는 고추장 양념을 그대로 붓는다. "아!" 하는 아이들 반응은 늘 같다. 물론 학년 초와 얼굴 빛깔은 다르다. 학년 초에는 비빔밥을 한다며 밥판에 나물을 다 붓고, 고추장을 부을 때마다 탄식을 했다. 걱정과 짜증이 섞인 말이 여기저기서 들렸다.

먹고 보니 맛있네

그렇지만 비빈 것을 먹고서는 반응이 바뀌었다. 그렇게 잘 먹다가 또 한 번 짜증내는 소리가 들린 건 한두 달 뒤부터 김치를 다 부어 함께 비빌 때였다. "아, 정말, 김치는 왜 넣어요?" 하는. 나는 말없이 비볐고 역시나 다 비벼서 먹을 때는 웃으며 먹는다. 오늘도 역시나 김치를 넣었다. 오후에 동신초등학교에서 놀이 강의가 있어 예쁘게(?) 입는다고 흰 바지를 입은 상태라, 에듀니티에서 받은 따뜻한 작은 이불로 아래를 감싼다. 아이들은 "하하. 선생님, 앞치마 했다"며 좋아한다.

"자, 주걱 줘 보렴" 하며 받는데 하나다. 주걱과 함께 큰 숟가락(반찬을 드는)을 양손에 잡고 양쪽으로 퍼서 넘겨줘야 하는데 하나밖에 없다. 어쩌겠나, 하나로 해야지. 오른손에 주걱을 잡고, 왼손은 허리에 되고서 비빈다.

"오, 선생님 폼 멋있는데요."

넣는 것이 하나 더 있다. 국물이다. 국물을 가득 담긴 밥판에 이곳저곳으로 대여섯 국자로 넣는다. "아~" 하는 아이들. 한 해가 지났지만 국을 넣는 건 아직도 반응이 그렇다. "왜 넣어요~" 하는 말에, "그래야. 잘 비벼져" 하는 이로다. 내 말을 대신 한다. 그렇게 비비고 또 비빈다. 오늘 사진사는 나현이다. 집에 전화기를 두고 와 나현이가 내가 비비는 모습을 찍어준다.

"자, 자리에 앉고 차례대로 받으세요" 하며 나랑 오늘의 밥친구 이수민 양이 먼저 받는다.

"많이 줄까요?"

"응" 하며 두 주걱 받고서 먹었다.

"맛이 어떠신가요?"

"좋아요."

"하하. 이게 바로 영근신표 비빔밥~"

"와!" 하며 손뼉까지 치니 좋다. 이렇게 함께 밥 먹으며 웃을 수 있어 좋다. 수민이는 두 번 받아먹는다. 나도 조금 더 받아서 먹었다.

"선생님, 다 팔렸어요."

자기 밥 다 먹고 주걱 들고서 비빈 밥판 앞에서 나눠주던 정수민이 말이다. 그렇게 우리는 오늘 비빔밥을 밥풀 하나 없이 다 먹었다. 비빔밥이 있어 오늘은 행복하고 즐겁게 하루를 닫을 수 있었다.

교실로 찾아가는 노래, 짝축구, 눈집 만들기

오늘은 정말 일기 쓸 게 많다. 그러니 아침 영하 8도에 여덟 명이 나온 아침햇살도 글감에서 밀리고 만다. 추워서 제대로 놀지도 못하고, 공원 한 바퀴 돌며 사진 찍고서 교실에서 함께 밥을 먹었다. 제대로 놀지 못해도 아침햇살은 늘 좋다.

사실 아침햇살을 조금 일찍 마친 까닭은 '교실로 찾아가는 노래'가 있었

기 때문이다. 학년기타 동아리가 아침활동시간에 1학년을 찾아가는 날이다. 한 번 연습으로 맞추고서 열여덟 명이 함께 1학년 교실로 갔다. 둘로 나눠 세 개 반씩 들어간다. 나머지 한 반은 열여덟 명이 함께 노래했다. 반에 따라 분위기가 다 다르다. 반 선생님께서 조금 더 즐겁게 분위기를 이끌어주셨더라면 하는 아쉬움이 있다. 그렇지만 아이들도 나도 만족한다. 정확하게 아침활동시간을 마칠 때 우리 공연도 끝이 났다.

두 시간 동안 수학과 사회로 열심히 공부한다. 학년말 활동으로 이런저런 행사를 하는 조건이 공부할 때는 보통 때와 같이 공부하기로 한 것이었다. 수학 시간에는 배움짝으로 할푼리를 배우고 학습지도 푼다. 이제는 함께 공부하는 것이 버릇이 되어, 배움짝이 '기준량'과 '비교하는 양'을 알 수 있도록 도와주라는 말에 스스로 문제를 내어 돕는다. 사회 시간에는 광탁이와 이로가 파워포인트로 발표하는 날인데 참 잘 만들었다. 이번이 올들어 다섯 번째 발표인 것 같다. 여러 번 하니 이렇게 많이 큰다. 오늘 배운 것이 6·25전쟁이다. 전쟁은 일어나지 말아야 한다.

셋째 시간부터 창체다. 짝축구를 하기로 했다.

"어떻게 짝을 정해요?" 궁금한 게 당연하다.

"자리 정하는 걸로 하면 돼"라며 컴퓨터로 짝을 정했다. 아이들이 어느 짝이 걸리더라도 웃으며 손잡고 했으면 좋겠는데, 정말 그렇게 한다. 그 말을 하지 않았는데도. 나는 손을 놓으면 파울이고, 골은 여학생만 넣을 수 있고, 골키퍼는 남학생이 둘 많으니 그 남학생 한 명씩(유석이와 광탁이가 뽑혔다)으로 한다는 정도만 말했다. 그런데 운동장에 나가니 모두가

손을 잡고 뛴다. 이렇게 손을 잘 잡는 제자들도 없었던 것 같다.

보통 때 안 뛰던 정유민이나 서연이나 다현이, 백지은 같은 여학생들이 남학생 손에 끌려 뛰고 또 뛴다. 정말 많이 뛴다. 특히, 축구를 좋아하는 남학생 손에 잡힌 여학생들은 숨소리가 멀리까지 들린다. 그래도 끝까지 손을 놓지 않는다. 파울 안 당하려고. 반대로 진솔이는 설빈이가 잘 안 뛴다고 막 뭐라 한다. 그러며 웃고 있다. 이로는 조금 뛰다 넘어지고 조금 뛰다 자빠지고. 자빠져 누워 있는 머리로 공이 맞아 일부러 헤딩한 것이 되어 모두 웃고. 0 : 0으로 마쳤지만 모두가 땀범벅이다. "또 해요" 하는 소리가 절로 나온다.

영근샘 특별호 편지

점심을 먹고 공 차러 나가는 아이들 보고 조금 일찍 들어오라고 했다(여학생들도 공 차는 게 좋다는 아이 여럿이 나간다). 다섯째 시간에 할 것을 소개하고, 알림장 쓰고 하려면 시간이 조금 걸린다고.

점심시간을 보내고, 모두 모였다. 먼저 영근샘 특별호 편지를 줬다. 오늘 기말고사 성적이 나가니 부모님께 보내는 내 편지다.

영근샘 편지 : 특별호

오늘 아침에 차 안에 온도가 영하 8도였어요. 그래도 아침햇살에 여덟이 나왔으니 정말 대단하죠. 재궁공원에서 놀다가 교실에 들어와 밥을 먹었죠. 저는 아이들 것에 젓가락만 들고 다녔네요.^^

다음 주 화요일 방학하는 날, '해넘이 아침햇살'을 하니 모두가 나왔으면 하는 바람을 가지네요. 아직 한 번도 안 나온 사랑이는 더.

오늘 2학기 시험 결과가 나가네요. 왜 특별호 편지를 쓰는지 아시겠죠? 시험 결과와 관계없이 우리 사랑이들은 올 한해 정말 열심히 공부했어요. 물론 집에 오면 학교에서 놀았던 이야기를 하겠죠. 그게 더 신나는 일이니 당연하죠. 말하지 않더라도 주마다 토론하며 생각을 키웠고, 수학은 서로 가르치고 배우며 함께 성장했어요. 파워포인트로 발표도 여러 번 했죠. 교실에 책이 많은 편이니 책도 많이 봤어요. 이렇게 열심히 했는데 그 결과를 시험 한 번으로 평가한다는 건 이치에 맞지 않은 것 같아요. 더 큰 성장을 위한 과정으로 격려 부탁드려요.

"자, 이제 나가서 눈집을 만들건데, 다른 건 설명하지 않아도 되고 하나만 주의하세요. 눈이 차갑잖아요. 그러니 통에 넣으면 통이 어떻게 되겠어요? ("얼어요. 차가워져요.") 그럼 어떤 걸 주의해야 할까? ("잘 깨져요.") 그래요. 안 깨지게 세게 때리지 말고 톡톡 치세요."

어제 그제 내린 눈이라 잘 안 뭉쳐지면 어쩌나 걱정하며 나갔다.

공원에서 눈집을 만든다. 그런데 안 뭉쳐질까 한 걱정은 정말 쓸데없는 걱정이었다. 아이들은 공원에 있는 눈으로 이런저런 모양에 통에 따라 이런저런 모양의 눈을 찍어낸다. 그 가운데 민성이가 가져온 고추장 통

이 인기가 좋다. 큰데다가 눈이 쏙쏙 빠진다.

여러 곳에서 자기들만의 모양으로 눈집을 만든다. 같은 모양인 곳이 없다. 다 다르다.

그렇게 여러 모양으로 눈집을 만들며 오늘도 우리 하루를 닫았다.

아, 하나 더 있구나. 아이들이 눈집을 만드는 사이, 나는 돈을 찾아왔다. 모둠에 돈 만 원을 줘야 한다. 다섯 아이가 한 모둠이니 한 아이에 이천 원 꼴이다. 만 원으로 음식 재료를 사서 월요일 음식 만들기를 한다. 모둠에서는 주말에 필요한 재료를 사고서 그 영수증을 나에게 주기로 했다.

2013년 12월 23일 월요일

'무엇을 하건 신나는 아이들이구나'

난 몰랐다. 오늘이 네 시간 수업이란 것을. 이렇게 정신머리 없이 사니 쯧쯧.

'그럼 시간 계획이 엉클어지네. 보자. 어떻게 해 보지.'

다섯 시간 수업이라 생각하며 오후에 음식 만들기 하려고 한 게 꼬인다.

고민하다가 내린 결정.

"자, 오늘 네 시간 수업이라니까 우리 첫째 시간에는 연극을 하고, 둘째 시간에 음식을 만들어 먹자. 그러고서 셋째 시간 수학 열공하고, 넷째 시간에 체육하며 배를 꺼주는 거야."

"네? 뭐라구요."

"배를 꺼준다고."

"그게 뭔데요?"

"소화시킨다는 말이잖아."

연극할 차례를 정하고, 함께 시청각실로 갔다. 가서 모둠으로 앉았다. 아이들 소리가 시청각실을 가득 채운다. 조용하게 하고서 연극을 시작한다. 1학기 때는 책을 주제로 했더니 내용도 알고 대본이 있어 알찼는데, 이번에는 사실 조금 기대에는 못 미친다. 그런데 이건 내 생각이다. 아이들은 처음부터 끝까지 웃는다. 앞에서 동무들이 하는 연극에 푹 빠져 웃는다.

"지금 뭐라는 거야?"

"응. 그러니까……."

"하하."

자기들끼리 좋아 죽는다.

늘 만나는 아이들이지만 이럴 때는 헷갈린다. '정말 재미있어서 웃는가?' 하는 생각에 아이들 뒤에 앉았던 의자에서 일어나 아이들 옆으로 가 아이들 모습을 본다. 그리고 그 모습들을 사진으로 담는다. 그런데 정말 재미있어 한다. 나에게는 별 재미도 없는 말에 웃고, 나에게는 어색한 동작인데 웃고, 나에게는 엉성한 극 구성인데 아이들은 재미있다고 웃는다. 끝나면 크게 손뼉 친다. 첫 모둠에게 연극에서 조금 더 큰소리로 하라고 말하고, 조금 더 적극 앞으로 나와서 하라는 것 빼고는 그냥 본다. 내 욕심을 내려놓고 그냥 본다. 갈수록 아이들의 반응만으로도 그냥 재밌다. 이렇게 좋아라하니.

'내가 아직도 아이들을 잘 모르는구나.'

아이들은 자기들끼리 하는 걸 좋아한다

교실로 올라오니 아이들 마음이 바쁘다.

지난 금요일, 모둠에 만 원을 줬다. 다섯 사람이 한 모둠이니 한 사람에 2천 원을 준 게다. 그 만 원으로 오늘 요리해 먹을 재료를 샀다. 음식은 떡볶이와 김밥 둘 중에서 하나씩 골랐다. 안 그래도 아침을 열기 전에 영수증을 확인했다.

1모둠은 10,100원을 썼단다. 떡볶이를 한단다. 2모둠은 5,880원을 들였다며 영수증을 준다. 김밥을 한단다. 3모둠은 8,570원이 들었는데 엄마가 영수증을 옷에 넣은 채로 세탁기를 돌렸단다.

"원래 영수증이 없으면 돈을 다 돌려내야 해. 그렇지만 이번에는 통과."

4모둠은 9,630원, 5모둠은 10,500원이다. 세 모둠 모두 떡볶이를 한단다. 6모둠은 영수증과 돈을 오늘 못 가져왔다며 내일 준다고 한다. 그런데 영수증을 보니, 모두가 이마트다. 그게 조금 마음에 걸린다. 마을 채소 가게에서 사라고 미리 알릴 것을. 역시 이러며 선생 노릇을 배운다.

"얘들아, 책상을 이렇게 돌려서 붙이고, 떨어진 하나에는 가져온 음식물을 모두 놓자. 그리고 음식은 책상 네 개 모은 곳에서 할 거야. 두꺼운 겉옷은 불에 위험할 수 있으니 이렇게 접어서 칠판 밑에 쌓아두자. 자, 가져나오세요."

그렇게 옷을 쌓고서 시작하련다.

"잠시만, 그리고 불을 쓰는 것이니 위험할 수 있어. 그러니 비닐 쓰레기는 그때마다 바로 버리도록 하자. 자, 내가 가지고 있는 이 봉투에 담아. 그리고 의자는 다 밀어 넣고서 일어서서 요리하도록 하자."

전담 시간이라 시간이 있다고 말씀하신 7반 한상준 선생님을 심사위원으로 모셨다. 심사위원이라고 등수를 가르지는 않는다. 그냥 맛을 보며 칭찬해주시는 게다. 그래도 심사위원에게 잘 보이려고 애쓰는 모습들이 예쁘면서도 귀엽다. 나도 포크를 들고 다니며 하나씩 맛을 본다. 그리고 "5만 점"이라고 채점하며 다닌다. 모두가 5만 점이다.

돌아다니며 내 눈은 온통 안전을 위해 집중된다. 칼을 쓰는(김밥을 자른다고, 떡볶이에 들어갈 어묵을 자른다고) 모둠이나(그래도 연필 깎기를 하고 과일을 깎아 봐서 자세가 처음 연필 깎을 때보다는 좋아졌다) 불을 쓰는 모둠은 언제나 조심스럽게 지켜본다.

모두가 만든 음식이 우리 음식이다. "우리 것 먹지 마" 하는 소리는 한 번도 못 들었다. "자, 이거 먹어 봐" 하는 소리가 더 많다. "이거 먹어도 돼" 하면, "응. 먹어" 하는 아이들이다.

후라이팬을 가져오지 않아 늦어진 1모둠 것을 마지막으로 모두가 다 먹었다. 하나씩 정리한다. 쓰레기 먼저 버리고, 걸레로 닦고, 후라이팬을 씻는다. 바닥을 비로 쓴다. 책상을 바로 하고서는 자리에 앉아 글똥누기에 글을 쓰는 걸로 마무리한다.

아이들은 무엇을 하건 자기들끼리 하는 건 다 좋아한다.

정말이지, 이런 시간을 더 많이 가져야 한다.

2013년 12월 24일 화요일

해맞이 아침햇살, 방학

방학식이라 마지막 아침햇살은 해맞이로 했다. 떠오르는 해를 보며 손 모으고 내 바람을 마음에 담는다. 나도 나라, 학교, 집에 안녕을 빌었다.

방학 계획을 세웠다.

마니또를 발표했다.

생일축하노래로 올해 마지막 노래를 불렀다.

대청소를 했다.

마치며 안아주고서 한 마디씩 했다.

"방학 잘 보내."

2월
우리들의 마무리 잔치

2월은 한 학년을 마무리하는 달입니다.

1년여 전, 3월 첫 만남에 마음 설레던 모습을 떠올리면 흐뭇한 웃음을 머금게 됩니다. 한 해 동안 서로 맞춰가며 이렇게 잘 지내다가 헤어지는 것도 참 고마운 일입니다. 물론 한 해 동안 좋은 일만 있지는 않습니다. 웃음 가득한 날도 있고, 작은 것에 감동하며 행복해하기도 하다가도 서로의 마음을 몰라주는 것에 삐치기도 하고, 정말 힘들어서 이번 제자들과 빨리 헤어지기를 바라는 날도 있었습니다. 2월은 이렇게 웃고 아팠던 시간들을 모두 추억으로 소중하게 담는 달입니다.

그럼 마무리 잔치로 마지막 추억 담는 시간을 가져 보겠습니다.

우선 학급 마무리 잔치입니다. 우리 반은 '참사랑땀 마무리 잔치'라는 이름으로 하고 있습니다. 여름방학을 마칠 때는 '참사랑땀 어울림 잔치'를 했습니다. 마무리 잔치라니 어색하다면, 학급 학예회로 생각하셔도 좋습니다. 사전에 담긴 잔치의 뜻을 살펴면 '기쁜 일이나 축하할 일 따위가 있을 때, 음식을 차려놓고 여러 사람이 모여 즐기는 일'입니다. 이 뜻대로 기쁜 일(한 해를 잘 마쳤다는 사실)과 축하할 일(학년을 마치고 한 학년 올라가는 것)을 기념하기 위해 여러 사람(학부모와 학생 그리고 담임)이 모여 즐기는 자리입니다.

먼저, 학생마다 자기가 보이고 싶은 장기자랑을 하나씩 준비합니다. 장기자랑은 무엇이든 좋습니다. 학생들이 많이 하는 것은 노래, 춤, 악기 연주 같은 것입니다. 그것과 함께 줄넘기도 좋고, 축구공 다루기도 좋습니다. 1학년을 맡았을 때, 우리 반 한 친구는 훌라후프를 돌리기도 했습니다. 같은 것으로 할 때 같이 묶어서 할 수도 있습니다. 태권도가 특히 그렇습니다.

그런데 이렇게 개인 발표 시간을 가지면, 남들 앞에 나서기 싫어하는 아이들에게는 이 시간이 힘들 수 있습니다. 그런 모습을 보면 자연스럽게 학기 중에, 보통 때에 이런 기회를 많이 가졌다면 하는 아쉬움이 들 것입니다. 선생님들은 이런 아쉬움도 놓치지 않고 담습니다. 그리고서 3월에 만날 새로운 제자들과의 학급경영에서 그 아쉬움을 펼칩니다. 즉 다음 제자들과는 남들 앞에서 발표하는 기회를 더 가져서 이런 잔치가 있으면 무대에 설 수 있도록 하는 것입니다.

개인으로 발표하기 부담스러운 경우는 둘이나 여럿이 같이 할 수도 있습니다. 1학년을 맡았을 때 본 재미있었던 발표가 떠오릅니다. 둘이 나와서는 윷놀이를 한다고 합니다. 바닥에 앉아서는 윷을 던집니다. 칠판에는 윷판을 그리고서 말을 놓습니다. 그때 다른 아이들은 응원까지 해 가며 열심히 윷놀이 장기자랑을 보았습니다. 그러나 뒤에서 보던 학부모들은 많이 지겨워하기도 했습니다.

또 재미난 기억이 있습니다. 한 남학생이 혼자서 검도를 한다고 했는데, 학예회 하는 날 둘이 검도복을 제대로 갖추고 나왔습니다. 알고 보니 한 명이 검도채로 때리기를 할 때 맞는 역할을 해주는 것이었습니다. 이에 반해 고학년은 1학년보다 함께 하는 활동이 훨씬 다양합니다. 악기 연주에서도 기타와 리코더가 함께 하고 노래 부르기까지 합니다. 같이 개그를 하기도 하고, 춤을 연습해서 추기도 합니다.

이렇게 학생들이 하는 공연은 마무리 잔치에서만 펼치도록 합니다. 보통 하루 전날에 예행연습을 하곤 하는데, 그러면 보는 학생들이 흥미를 잃기 쉽습니다. 그래서 하루 전날 예행연습을 하더라도 나오는 차례, 자기소개 따위만 합니다. 그러니 실제로 발표할 때는 작은 실수를 하기도 합니다. 그렇지만 그런 실수까지도 함께 웃을 수 있으니 좋습니다.

그리고 모두가 함께 할 수 있는 내용을 꼭 넣습니다. 마지막으로 모두가 함께 연습하며 마음을 모으기 위함입니다. 페트병을 준비해서 아주 쉬운 가락으로 하는 난타도 좋습니다. 신나는 잔치이니 모두가 함께 춤을 춰도 좋습니다.

잔치하는 날만 신나는 게 아닙니다. 그것보다 더 신나는 시간은 그걸 연습하는 시간입니다. 반 모두가 함께 한 편의 연극이나 뮤지컬을 하는 반도 있다고 하는데 우리 반에서도 언젠가는 꼭 해 보고 싶습니다. 우리 반은 기타 동아리가 있으니 기타를 합주하고 기타 동아리가 아닌 친구들은 노래를 부릅니다. 이런 악기가 없이도 가장 쉽게 할 수 있는 것은 노래입니다. 노래만 함께 불러도 좋을 것 같습니다.

이런 마무리 잔치에는 꼭 모시는 손님이 있습니다. 아이들 앞에서는 드러내지 않는 부분입니다. 바로 학부모를 초대한다는 사실입니다. 내 아이가 하는 장기자랑을 직접 보는 건 부모로서 늘 행복합니다.

교실 앞이나 옆을 무대로 하고서 학생들은 바닥에 앉습니다. 2월이니 바닥이 찹니다. 돗자리를 준비하거나 방석을 준비하면 좋습니다. 그리고 학생들 뒤에는 의자를 두고 학부모가 앉도록 합니다. 이때 학부모도 함께 할 수 있는 무대를 만들려고 애씁니다. 저는 아버지 모임을 하는 해에는 아버지들께 부탁을 드려 노래를 부르도록 했습니다. 아버지들이 아이들 앞에서 노래하는 모습은 진한 감동과 함께 큰 즐거움을 주었습니다.

학부모 이야기에 하나 더 덧붙입니다. 잔치 때가 되면 학급 학부모회에 부탁을 드리는데, 다름 아닌 음식입니다. 잔치하는 곳에 먹을거리가 있어야 제격입니다. 준비한 먹을거리는 학예회를 마치고서 책상을 함께 정리하며 다같이 나눠먹을 수 있도록 합니다. 만일 학부모회가 없거나 부탁드리기가 부담스럽다면, 학생들이 자기 먹을 것을 각자 준비해서는 나눠 먹어도 좋습니다. 교실에서 여는 뷔페로 나눠 먹습니다.

이때 특별무대를 꼭 넣습니다. 제가 늘 하는 특별무대는 영근샘의 노래입니다. 기타를 메고서 정말 신명나게 한 곡 노래합니다. 날마다 아침에 듣던 노래이지만 이날만큼은 정말 크게 호응해주는 정말 고마운 아이들입니다. 노래는 함께 부를 수 있는 아는 노래로 합니다.

모둠 마무리 잔치

학년말에는 모둠이 함께 하는 활동도 꼭 합니다. 물론 마무리 잔치 시간이 너무 길어질 것 같다면 따로 떼어서 해도 좋습니다. 우리 반에서는 모둠이 함께 하는 것으로 음식 만들기와 연극을 합니다.

모둠이 함께 학년을 마치며 음식을 만듭니다. 음식으로 무엇을 만들지 정하는데, 모두가 같은 음식을 해도 좋고, 모둠에서 스스로 정해도 좋습니다. 음식을 만들 준비물을 모둠에서 알아서 준비하는데, 저는 이럴 때 모둠에 일정한 돈(오천 원이나 만 원)을 줘 직접 장을 보도록 해도 좋아했습니다. 모둠에 돈을 주고서 만들 음식에 맞는 재료를 사고 그 영수증을 가지고 오도록 합니다. 이렇게 하니 집에서 음식재료를 챙겨줄 때보다 훨씬 더 제대로 챙기면서도 흥미로워합니다. 물론 이런 돈이 따로 나올 때가 없으니 선생님 자비로 해야 하기는 합니다.

연극도 참 좋습니다. 우리 반은 마무리 잔치에 모둠 연극을 올리는데, 올리지 못하더라도 학년말 행사로 꼭 합니다. 연극 제목, 대본, 역할, 준비물을 정한다고 교실이 시끌벅적합니다. 이럴 때면 교실이 살아 있음을 느낍니다.

참, 이렇게 개인 장기든, 모둠에서 하는 행사든 일등을 가리지 않습니다. 즐기려면 마음에 부담감이 없어야 합니다. 등수를 따진다는 것은 긴장감을 줘 더 집중하게는 할 수 있을지라도 마음에 부담이 있습니다. 무엇보다도 등수를 매기면 일등만 즐겁습니다. 열심히 해도 등수에 들지 못하면 즐거움은 사라집니다. 그래서 마무리 잔치는 그냥 즐기는 잔치였으면 합니다.

이렇게 마무리 잔치하는 날, 문집이 나왔다면 문집을 나눠도 좋습니다. 학생들이 서로에게 주는 상장을 직접 만들어 줘도 좋습니다. 학생들과 함께 담임도

학생마다에 어울리는 담임상장을 만들어 줘도 좋습니다. 상장이 아니면 '칭찬 이불'도 어울립니다. 무대에 나오는 학생에게 이런저런 칭찬을 해 줍니다. 이때는 우리 반 학생 모두가 다 참여해야 합니다. 문집에는 반 아이들 모두의 글이 있어야 하고, 상장을 모두가 다 받을 수 있어야 합니다.

마무리 잔치는 한 해를 잘 마치는 자리입니다. 이런 자리는 우리 반처럼 무대가 아니어도 좋습니다. 아이들과 돌아가며 이야기 나눠도 좋고, 한 해를 돌아보는 시간을 가져도 좋습니다. 마무리하는 모습이 어떠하든 지난 한 해를 돌아보며 아픔이 있다면 잘 치유하고 즐거웠고 행복했던 기억은 더 오래 간직할 수 있었으면 하는 바람입니다.

마지막으로 아이들 하나하나를 꼭 안아주며 "사랑해"라고 말해주고 싶습니다.

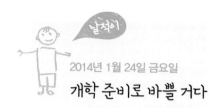

개학 준비로 바쁠 거다

오늘, 토요일, 일요일이 지나면 겨울방학이 끝이 난다.

개학하고서도 공부할 것, 새롭게 할 것이 많다.

계속 하던 공부, 일기, 삶, 놀이 따위는 계속 해야 한다.

겨울방학을 더 하고 싶고, 학교 오는 게 싫겠지만 즐거운 마음으로 왔으면 한다.

우린 또 만나서 서로 웃으며 잘 지낼 것이다.

1. 밀린 일기

밀린 일기를 쓴다고 고생하지 말았으면 한다. 일기는 그날그날 쓰는 것이니. 당장 오늘, 내일, 일요일 일기를 썼으면 한다. 그래도 방학에 정말 기억에 남는 날은 그때로 돌아가서 돌아보며 일기를 써도 좋겠다.

2. 방학 과제

특별한 것은 없으나 내가 하겠다고 계획했던 것은 했으면 한다. 스스로 자신과 한 약속이니 그것을 지키려는 노력은 필요하리라.

3. 생활

방학에는 학교 다닐 때의 여러 생활이 많이 깨진다. 자는 시각, 일어나는 시각도 그렇다. 남은 며칠 동안 학교 다닐 때의 일정으로 몸을 만들어야겠다.

무엇보다 즐겁고 행복하게 우리 만나자.

부드러운 개학

아침에 교실을 들어서니 이미 몇 명이 와 있다.

"안녕!" 하고 큰소리로 아이들을 부른다.

"안녕하세요!"

함께 큰소리로 대답하니 기분이 좋다.

창문을 연다.

"자, 이리 와라. 우리 인사하자."

아이들과 손을 잡고서 내 품으로 당긴다.

안아본다.

좋다.

아이들이 쓴 글똥누기를 보니 개학을 해서 좋단다. 하나같이 동무를 만나서 좋단다. 그렇다. 방학에는 학원으로 동무들과 어울리지 못했을 것이니.

"자, 오늘은 입학식 마치고서 '주말 이야기'가 아니라 '방학 이야기'를 할게요. 방학에 기억에 남는 일, 좋았던 일, 아팠던 일 무엇이든 좋으니 1분이 되게 준비해보세요."

개학식을 마치고 책상과 의자를 교실 가운데로 돌려 앉는다. 부회장 나현이가, "그럼 지금부터 방학 이야기를 시작하겠습니다" 한다. 먼저 현수가 시작한다. 그러며 듣고서 궁금한 점을 묻는다. 첫째 시간 20분에 끝나지 않아 쉬었다가 20분을 더 했다. 마치고서 앞으로 돌아앉는다.

"선생님 방학 이야기도 해 주세요."

나도 방학에 했던 강의, 여행을 이야기한다.

방학 과제로 해 온 것을 쑥 살핀다. 해 온 사람은 칭찬하고, 하지 않은 사람은 자기와의 약속이니 이번 주말까지 해 보라고 했다. 꼭 하길 바란다. 다음 주 월요일 다시 확인하고서 하지 못했으면 더 시간을 줄 거다.

2014년 2월 3일 월요일

날마다 새롭게 살아야 한다

"선생님, 신이가 조금 이상해요."

쓴 글똥누기를 나에게 보여주려고 온 권유민이가 하는 말이다. 신이를 보니 책상에 누워있다. 늘 즐거운 우리 신이가 책상에 엎드렸다는 것은 어디가 아픈 것이다. 몸이나 마음이.

"신이야, 왜? 글로 써 와라" 하고서 다른 아이들이 쓴 글똥누기에 담긴 삶을 봤다. 신이가 가져와서는 두고 힘없이 들어간다.

어제 밤부터 기침을 많이 하고, 머리가 아팠다.

'감기구나.'
"신이야, 보건실 다녀오자" 하니 일어나서 간다.
그리고 공부하는데 신이가 왔다. 둘째 시간부터는 원래의 신이로 돌아왔다. 말에 힘이 가득이다. "신이, 이제 살만 한 것같다. 애들아" 하며 많이 웃었다.

광탁이는 글똥누기를 보니 목이 아프단다.
"물 많이 마셔. 그리고 말은 많이 하지 말고."

유 석이는 이를 뽑았는데 잇몸이 좋지 않아 한 시간 마치고 가야 한다고 썼다.
"그래. 알고 있어. 나중에 한 시간 마치고 가렴."
어머님이 문자를 주셨으니.

이렇게 아이들 글에서 아침마다 몸 상태, 마음 상태를 알 수 있다. 아이들 상태는 날마다 같을 수 없다. 어제까지 멀쩡하던 아이가 오늘 아플 수 있다. 학교 오는 길에 넘어져서 다칠 수도 있다. 그게 아이들이다. 그러니 날마다 아이들 모습을 살피고 또 살펴야 한다.

아이들 상태를 알 때 가장 좋은 건 나다. 내가 아이들을 가르치는데 큰 도움이 된다. 그리고 이렇게 아이들 상태를 알고자 하는 말과 관심이 아이들을 행복하게도 한다.

2014년 2월 6일 목요일

아이들은 놀이를 만드는 힘이 있다

오늘은 두 시간을 잡지와 문집에 쏟았다. 아이들은 잡지를 만들고, 나는 문집을 만든다. 잡지는 손글과 손그림으로 만들고, 문집은 컴퓨터로 만든다. 잡지는 아이들 마음껏 펼치니 아주 다양하고, 문집은 일기가 거의 모두다.

1, 2교시에 잡지 만들기를 한다. 둘씩 하도록 했다. 무작위로 뽑아서 원하는 사람과 하도록 했는데, 그 뽑는 과정이 놀이다. 이 과정에서 많이 웃었다.

방법은 이렇다. 컴퓨터로 뽑는데 이름이 나온 사람은 자기가 같이 하고 싶은 사람을 정할 수 있다. 처음에는 정하면 무조건 그 사람과 하는 것으로 했다. 그런데 아이들이 한 번은 거부할 수 있도록 하자고 그런다. 만일 이로가 광탁이와 하고 싶다고 했는데, 광탁이가 싫다고 할 수 있는 거부권이다(실제는 이로가 광탁이와 짝을 하고 싶다고 했고, 광탁이도 한다고 해서 처음에는 짝이 되었다). 다만 두 번째 신청을 받은 사람은 무조건 받아들이는 걸로 했다.

"왜 더 거부할 수 없어요?"

"그럼 같이 하자고 한 사람이 부끄럽고 아프잖아."

그리고 다른 사람이 같이 하기를 원해서 짝이 되었지만 자기 이름이 뽑히면 또 다른 사람을 선택할 수 있도록 하기로 했다. 예를 들면, 광탁이는 이로가 선택해서 같이 한다고 짝이 되었다. 그렇게 이로와 짝을 하던 광탁이 이름이 뽑혀 나왔다.

"광탁이는 이로와 할 거니?"

"아뇨. 저 바꿀래요" 하며 민재를 선택했다. 민재가 승낙해서 민재와 짝이 되었다. 물론 광탁이는 바꾼다고 하기 앞서, "음… 그냥 하면 재미없으니 바꿀래요" 하며 장난으로 바꿨다. 광탁이가 민재로 짝을 바꾸니, 이로도 그런다.

"저도 할 사람이 없어서 광탁이랑 했어요."

많이 웃었다. 이렇게 같이 할 사람 정하는 것도 놀이다. 이렇게 몇 되지 않지만 재미로 짝을 바꾼 아이가 있었고 그때마다 웃음이 끊이지 않았다.

끝에 반전이 있었다. 아직 짝이 없던 신이가 뽑혔다. 신이가 같이 하는 사람은 같이 짝을 하던 사람과 헤어져야 한다. 물론 신이가 원하는 한 사람은 거부할 수도 있다. 그럼 신이가 두 번째 같이 하기로 한 사람은 무조건 신이와 짝을 해야 한다. 그렇게 해서 신이와 짝이 된 아이가 민재다. 민재가 신이와 짝이 되니, 광탁이가 혼자가 되었다. 또 아이들은 웃는다. "이로야, 지금 기분이 어떻니?"

"하하. 좋아요."

성격 좋은 광탁이도 웃고 만다.

그렇게 짝을 지어 잡지 만들 내용을 채웠다.

이렇게 놀이를 만드니 웃지 않을 수 없다. 사실 잡지와 문집으로 우리 반이 계속 바쁘다. 아직 못다한 공부도 해야 하고. 그렇지만 난 믿는다. 잡지와 문집을 다 마칠 수 있을 것이라고. 주말에 시간을 많이 쏟고, 밤잠을 줄여서라도 화요일에는 마쳐야 한다. 할 수 있다.

2014년 2월 7일 금요일

아이들에게 힘을 얻다

아침 4시 30분에 일어나 컴퓨터로 할 일을 서둘러 하고서 배드민턴 가방을 챙겨 5시 반에 집을 나섰다. 갈아입을 옷도 가득 챙겨서. 청소년수련관에서 배드민턴을 7시 10분까지 치고는 씻었다. 옷을 갈아입고는 학교로 바로 왔다. 아침햇살이다. 승민이가 보인다. 이어서 준환이와 유석이다. 벌써 교실에 와 있던 설빈, 나현, 정지은, 은진, 채현이도 함께 만났다. 만나 재궁공원으로 가서 공원을 한 바퀴 돌았다. 바로 공 차자는데 그래도 아침햇살이니 조금은 걸어야지. 그렇게 걷고는 공원 무대에서 풋살을 했다. 8시 10분에 마치고는 바쁘게 공원에 있는 정자에서 밥을 먹는다. 밥을 챙기지 못한 나는 유석이 빵을 조금 얻어 먹었다. 맛나다. 10분만에 먹고는 학교에 가서 다른 동무들과 같이 학교를 한 바퀴 돌며 학교 쓰레기를 주웠다. 우리가 봉사하는 날이라.

이러니 힘이 든다. 연구실에서 커피 한 잔 타고서 마시려는데 몸이 축 처진다. 그렇지만 처져 있을 여유가 없다. 오늘도 할 일이 많아.

먼저 문집에 실을 12월, 겨울방학, 2월 일기를 모은다. 교실에서 아이들은 자기 일기장에 쓴 일기에서 문집에 실을 것을 고른다. 다 고른 아이는 컴퓨터실에서 입력을 한다. 입력을 다 마친 아이는 교실에서 잡지에 실을 작품을 만든다. 아이들이 컴퓨터실에서 입력할 때 나는 문집 편집을 한다.

아이들 일기를 다 모으고, 이번에는 글똥누기를 모은다. 한 해 동안 쓴 글똥누기 수첩에서 달마다 두 편씩을 교실에서 고른다. 다 고른 아이는 컴퓨터실에서 입력한다. 입력을 다 마친 아이는 교실에서 잡지를 한다. 잡지를 다 한 아이는 책을 본다.

나는 아이들이 올린 일기를 문집에 싣는다. 2월에 쓴 일기를 보는데 은진이가 어제 쓴 일기가 눈에 들어온다.

2013년 2월 6일 목요일
날씨: 별로 춥지 않다.

제목: 억울하다.

2월에 쓴 일기를 보는데 은진이 일기가 눈에 들어온다.

> 나는 오늘 다현이와 잡지를 채울 것을 고민했다. 처음 5분은 "어제 드라마 《별에서 온 그대》 봤어?", "어, 완전 멋있었어" 하고 드라마 얘기를 했다. 그러나 나머지 20분은 무엇을 할지 고민한 것이다. 그래서 겨우 까나페로 정했다. 그래서 글자 1개 1개에 정성을 부어 열심히 했다. 색은 무엇으로 할까? 그런데 채현이가 뭐하냐고 하자 까나페를 한다고 했다. 그런데 나현이가 까나페가 뭐냐고 묻자 채현이가 알려 준 것이다. 우리는 열심히 해서 냈다. 그런데 선생님께서 '출처를 왜 밝히지 않았냐? 혼자 한 것이 더 낫다. 그리고 떠들면서 하니까 잘 안 되지' 하셨다. 그때 채현이가 한 말은 변명이 아닌 사실이었다. 나현이와 채현이만 햄스터 이야기를 했을 뿐이다. 우리는 속상했다. 출처를 쓰고 내려다가 그냥 내 버렸다. 그저 베낀 거니까. 솔직히 우리 말고도 베낀 아이들도 있다.

어제 둘씩 잡지 만들며 넷이 계속 말하고 있길래 했던 꾸중이 이렇게 억울했던 거다. '불러서 이야기를 들어볼까?' 하다가 일기에 마음을 담은 것인데 그러지 않기로 했다.

그런데 다른 아이들 2월 일기를 보니 다른 달보다 조금 아쉽다. 곰곰이 따져보니, 1월 마치고 개학한 1월 27일부터 31일까지 일기가 아무도 없다. 그 5일이 겨울방학 일기에도, 2월 일기에도 빠졌다.

"자, 여기 봐요. 원래 문집은 잘 만들기 위해 여러 번 고치고 고치고를 되풀이해요. 그래서 하나 부탁할게요"라고 말하며 그 5일 동안의 내용에 2월 일기보다 신기에 좋은 일기가 있는 사람은 지금 가서 다시 입력하라고 했다.

서넛이 일어나서 나간다. 다행이다. 그런데 은진이도 나간다. 그 속상한 마음을 담은 일기가 못내 걸렸는지, 아니면 내가 2월 일기를 바꾸라는 게 은진이 자기 일기를 두고 한 것이라 생각했거나.

점심을 먹고서 은진이와 여러 여학생이 내 어깨를 주물러준단다. 사실 때리고 꼬집는다. 그리고 은진이가 가위바위보로 다리찢기를 하잔다. 나는 함께 그렇게 놀며 한 마디 했다.

"은진아, 일기 어제 쓴 것으로 문집에 실어. 그게 훨씬 좋던 걸."

"네" 하며 웃는다.

그렇게 억울하다는 일기를 그대로 실었다.

2014년 2월 10일 월요일

2학기 기억에 남는 10가지

지난 주말 과제가 '2학기 기억에 남는 10가지'를 생각해 오는 거였다.

하지 않은 아이들은 아침에 하도록 했다. 그래도 준비가 안 된 아이들은 시작하기에 앞서 시간을 줬다.

그렇게 모두가 10가지씩 준비하고서는 5교시에 2학기를 돌아본다.

"진행방법을 알려줄게요. 한 명씩 돌아가며 하나씩만 발표하세요."

"자, 그럼 재민이 먼저 발표할게요."

"짝축구요."

"자, 나도 짝축구를 뽑은 사람? 손 들어보세요."

그 수를 헤아리니 22명이다.

"지금 손든 사람들은 자기가 해 온 것에 표시를 하세요. 이제 그건 발표하지 않겠죠."

"다음은 현진이요."

"저는 아띠요."

"자, 아띠 손들어주세요."

열 명이다.

이렇게 2학기를 돌아봤다.

역시나 스물이 넘는 활동도 있고, 한 명만 말한 활동도 많다. 스물이면 여러 학생들에게 오래 남는 것인 거고, 하나이면 그 한 명에게 소중한 활동이니 잘 챙겨야 한다. 신기한 것은 1학기에도 60개가 나왔는데, 이번에도 그렇다는 거다.

다른 친구들이 발표할 때, "아, 그게 있었구나" 하는 말이 절로 나온다. "선생님, 이런 것도 있어요"라는 말도 나온다. 60개에 들어가지 않았지만 생각이 나는 거다.

:: 2학기 기억에 남는 10가지 ::

1. 짝축구 : 22

2. 아띠 : 10

3. 해넘이 아침햇살 : 5

4. 과일 깎기 : 15

5. 기타 공연 : 7

6. 음식 만들기 : 20

7. 눈싸움 : 9

8. 잡지 : 11

9. 개학식 : 3

10. 희망의 노래 : 1

11. 필통 만들기 : 2

12. 보건 수업 : 1

13. 마니또 : 16

14. 연필깎기대회 : 18

15. 이글루 : 20

16. 현장학습 : 9

17. 피라미드 가위바위보 : 7

18. 명예의 전당 : 4

19. 뽀뽀 : 1

20. 토론 : 4

21. 공개수업 : 4

22. 축구 : 12

23. 조갯살 : 4

24. 자연미술 : 2

25. 개똥이네 놀이터 편집회의 : 2

26. 칭찬샤워 : 2

27. 임원선거 : 2

28. 연극 : 5

29. 비 오는 날 : 2

30. 생일 축하 : 2

31. 사회 파워포인트 발표 수업 : 1

32. 영근샘 편지 : 2

33. 예술제 : 3

34. 겨울방학 : 5

35. 교과서 끝내기 : 2

36. 공원 축구 : 2

37. 영근 신화 : 3

38. 기네스 대회 : 2

39. 오징어 먹기 : 3

40. 일기 문집 만들기 : 3

41. 귤 먹기 : 2

42. 피구 : 2

43. 공기 : 2

44. 기타 배움짝 : 4

45. 옛이야기 : 3

46. 빼빼로 데이 : 2

47. 시험 : 3

48. 먹방 : 2

49. 나성에 가면 : 2

50. 기타 동아리 : 3

51. 학급 회의 : 4

52. 고구마 먹기 : 2

53. 주말 이야기 시간 : 1

54. 발야구 : 1

55. 나들이 : 1

56. 영근샘 체육 : 2

57. 티볼 : 1

58. 참사랑땀 학급누리집 : 1

59. 영근샘 : 1

60. 밥친구 : 1

2014년 2월 11일 화요일

잡지

잡지를 마쳤다. 집에 오는 길에 우체국에 들러서 인쇄소로 보냈다.

잡지, 생각하지도 않게 시작했다. 겨울방학에 제주 여행하고 있을 때, 어린이문화연대 이주영 대표께서 전화를 주셨다.

"《개똥이네 놀이터》100호를 맞이해서 그 반 학생들과 잡지를 한번 만들어보세요" 하셨다.

그 말씀으로 시작해 보았다.

다만 잡지를 만들 때 주의할 것은, 되도록 내가 깊이 관여하지 않을 것, 아이들이 하고픈 이야기를 담을 것, 너무 잘 만들려고 하지 않을 것 정도였다.

개학을 하자마자 '잡지 준비위'를 꾸렸다. 아이들이 날마다 모여서 이런저런 이야기를 나눴다. 그래서 잘되고 있는 줄 알았는데 그게 아니었다. 한 주가 지나도 진행이 되지 않는다. 깊이 관여하지 않는 것과 챙기지 않은 것과는 다른데, 내 탓이다. 늦었지만 챙기기 위해 도움말을 한다.

아이들 능력에 놀랐다

"자, 여기에 있는 에이포 종이를 한 장씩 가져가세요. 여기에 잡지에 들어갈 내용을 담아주세요. 무엇이든 좋아요. 여러분이 잡지를 만든다면 어떤 내용으로 할 것인지를 마음껏 펼쳐주세요."

이 말 이상의 다른 도움은 주지 않았다.

그랬더니 정말 나눠준 종이-하얀 백지에서부터 아이들이 채워간다. 아이들 작품도, 우리 반 잡지도, 우리의 새로운 시도도. 이렇게 두세 번, 혼자서 또는 둘이 함께 하며 만들었다.

가장 놀란 건 아이들 능력이다.

정말 다 다르다. 그리고 정말 좋다. '그래. 한 번 만든 걸 받아보고서 정 안 되면 접자'라고까지 생각했는데, 가져간 종이에 내용을 채워오는 것을 보고는, '와, 좋은데' 하는 생각에 잡지를 만들 수 있었다. 그렇게 한 주 동안 매달렸고, 마지막 표지를 현수와 소희가 마무리했다.

잡지 이름은 〈웃자 놀자 즐기자〉이다. 첫날 현수가 에이포 종이에 만들어 낸 작품에 써있는 글자다. 그것을 받는 순간, '이거 표지 하면 되겠네' 했고, 다른 아이들도 좋단다. 현수만 의아해한다. 그래도 자기 작품이 표지가 되고, 자기가 쓴 제목이 잡지 제목이 된다니 좋아했다.

이번 일에는 권유민이 참 많이 애썼다. 하나하나 아이들 작품에 이름 쓰고, 번호 붙이고, 정리하고. 그것을 이채현은 목차로 깨알 같은 글씨로 썼다. 쉬운 일이 아닌데도 즐겁게 함께 해 줘 참 고맙다.

처음 나오는 잡지인데, 내년부터는 가끔 해도 좋을 거 같다. 문집과 달리 아이들의 생각을 담을 수 있을 것 같아 기대가 된다.

영근샘 토론회

오늘 학년말 행사는 영근샘 토론회이다. 5교시에 한다.

"자, 그럼 지금부터 영근샘 토론회를 해요. 자리를 나(사회자)를 볼 수 있게 돌려 앉아 보도록 하세요."

아이들은 책상을 나와 90도가 되도록 돌려서 앉는다.

"오늘은 크게 세 가지 이야기를 할게요. 첫 번째는 영근샘의 좋은 점, 그리고는 영근샘의 좋지 않은 점, 마지막은 내년 후배들을 맞을 영근샘에게 '이런 선생님이면 더 좋겠어요' 하는 바람을 말해주세요. 자, 준비시간을 조금 줄 터이니 토론 공책에 발표할 내용을 조금 써 주세요. 내 주장에 근거나 관련 예를 들어서 말해주면 더 좋겠어요."

아이들이 발표 준비를 하는 동안, 나도 노트북을 내고서 아이들 발표를 기록할 준비를 한다. 이런 토론회는 처음이다. 해마다 아이들에게 받아보는 평가를 종이에 써 달라고는 해 봤지만. 기대와 함께 걱정도 있다. 기대는 처음 해 보는 것이니까, 걱정은 '아이들이 좋지 않은 내 모습을 드러낼 때 내가 어떤 반응을 보일까?' 하는 나 자신에 대한 걱정이다.

걱정 반 기대 반으로 시작

"자, 그럼 시작할 건데. 우리 반 모두가 발표하도록 할게요. 생각이 잘 안 나는 사람은 다른 친구의 발표를 잘 들어보세요. 그러고서 내 마음과 같은 게 있으면 그걸 참고해서 발표해도 좋겠죠. 발표 차례는 정해져 있지 않아요. 준비된 사람부터 하도록 하세요. 자, 그럼 시작하도록 할게요. 솔직하고 진지한 토론 기대할게요. 먼저 발표할 사람 손 들어주세요."

남학생 몇이 손을 든다.

"자, 준환이요."

"네. 선생님은 축구를 잘해서 우리와 함께 축구를 같이 하는 게 좋아요."

"네에. 다음은 현수."

"네. 선생님은 기타를 잘 가르쳐주세요. 처음 기타를 배우는 우리에게 잘 가르쳐줘요. 그리고 공짜로 가르쳐주니까 좋아요."

공짜라는 말에 나도 아이들도 크게 웃는다.

이렇게 좋은 점 발표를 하는데, 12명이 발표하는데도 여학생은 하나도 없다. 모두가 남학생들이다.

"자, 여학생도 발표에 참여해주세요. 한 사람만 먼저 용기 내면 다른 사람들은 쉬이 발표에 들어올 수 있겠죠. 지금 12명이 발표했어요."

사람 수를 언급함으로서 격려와 자극을 준 것이다. 정수민이 손을 든다. 고맙다.

"선생님이 영근신화를 재미있게 들려줘서 좋아요."

"그래요. 다음."

이렇게 좋은 점 발표를 모두가 돌아가며 서연이가 마지막으로 발표(나들이를 가서 좋다. 자연에서 친구들과 같이 놀 수 있기 때문이다)를 마쳤다.

좋은 점은 하나 같이 노는 것이다. 공부를 잘 가르쳐줘서 좋다는 것은 권유민이 혼자다.

축구, 기타, 아침햇살, 수업, 토론, 놀이, 밥(골고루 잘 먹는다. 하하), 영근신화, 생일책, 〈개똥이네 놀이터〉, 나들이, 밥친구, 가끔 청소를 해줘서 좋다, 재미있다가 나왔다.

: 영근샘의 좋은 점 :

- 준환 : 축구를 잘한다. 아이들이 축구할때 같이 한다.
- 현수 : 기타를 잘 가르쳐준다. 처음 배우는 아이들이고, 돈도 받지 않
  고 즐겁게하고 공연도 나간다.
- 이효 : 아침햇살을 한다. 풋살을 하거나 산에 오르는 것이 좋다.
- 권유민 : 수업을 재미있게 한다. 웃기는 말도 있고, 무엇을 나누거나
  발표를 평등하게해 준다.
- 동현 : 토론을 해서 토론하는 방법도 알고 발표력도 좋아진다.
- 세욱 : 선생님과 체육 시간을 가지면 기분이 좋다. 재미있는 놀이를
  많이 한다.
- 재원 : 밥을 골고루 잘 먹는다. 그래서 건강하다.
- 정수민 : 영근신화를 재미있게 들려줘서 좋다.
- 민재 : 〈개똥이네 놀이터〉와 생일책을 공짜로 줘서 좋다.
- 승민 : 나들이가 신해질 수 있어 좋다.
- 은진 : 밥친구를 해서 좋다. 금방 친해질 수 있다.
- 소희 : 가끔 청소를 해 줘서 좋다.

이것들은 내가 앞으로도 계속 잘 지켜 가나야 한다.
"자, 그럼 이어서 영근샘의 좋지 않은 점을 발표하도록 할게요. 발표할
사람?"

"저요. 저요." 하며 손이 많이 올라온다. 여학생들도 많이 들었다.

"하하. 영근샘의 좋지 않은 점은 많은가 봐요."

"네."

"그래요. 그럼 시작할까요? 먼저 신이."

"소리를 잘 지른다. 장난으로 고함을 지른다."

"하하하."

"언제 그러죠?"

"복도에서도 그러고, 점심시간에도 그래요."

"알겠어요. 다음에는 조금 적게 소리칠게요."

"하하하."

이곳저곳에서 발표 내용에 맞장구를 한다. 이제 분위기가 많이 풀렸다.

"노래를 잘하는데 학생들이 바라는 노래를 하지 않는다."

요즘 밥친구가 원하는 노래를 듣고서 내가 불러주고 싶은 노래를 며칠 했더니 그 이야기를 여럿이 한다.

"뒤에서 갑자기 얼굴을 들이댄다. 하품 소리가 너무 크다."

정유민이다.

: 영근샘의 좋지 않은 점 :

– 권유민 : 다른 가수 들처럼 노래를 잘 부른다고 말한다.

– 다현 : 밥친구를 해서 싫다. 선생님 옆에서 밥을 먹으면 맛이 떨어진다.

"은진이는 밥친구를 해서 좋다는데, 이렇게 생각이 다를 수 있어요."

— 이조 : 학기 마지막에 시간표를 선생님 마음대로 바꾼다.

"학년말이라 시간표가 달라서 그런 게 아니라 오늘처럼 체육 시간을 갑자기 넣고 그래서 그런 거죠?"

— 정수민 : 장난을 심하게 친다. 수업시간에 시끄러워 집중이 안 된다.

— 동현 : 음식 만들기를 달에 한 번 한다고 했는데 적게 했다.

아이들이 세 번 했단다. 나는 "미안합니다" 한다.

— 나현 : 평소에 이상한 행동(윙크, 이름 부르고 아무 것도 아니고, "사랑한 다" 그러고)을 한다.

— 재민 : 영근신화가 갑자기 중단되었다.

"2학기에도 나뭇꾼 신화 같이 몇 개 했는데."
"아니에요."
"그럼 이제 영근신화로 해 줄 게 없어서 그래요."
"그래도요."

－채현: 애들이 잘못한 행동을 했을 때 겉만 보지 말고 속까지 보면 좋
　　　겠다.

"속을 어떻게 보죠?"

"잘 살피셔야죠."

"네. 그러도록 노력할게요."

　－준환: 한 번 화내면 오래 간다. 겉으로 화를 낸다.

"예전에는 더 오래 갔어요."

"네. 문집에서 봤어요. 이번에는 3일 갔는데."

　－현서: 발표를 골고루 안 시켜준다. 지금은 저를 손가락으로 짚더니
　　　유석이를 부른다.

　－민재: 공연 준비할때 너무 무섭다.

"하하. 민재가 기타 동아리를 늦게 들어와 그렇죠. 기타 동아리 처음 시
작할 때 말했는데. 기타 동아리 때는 무섭다고."

"맞아. 기타 첫날 말했는데."

　－현진: '삶' 공책을 하기 싫다.

"그래도 하는 게 좋아요. 여러분에게 헤어질 때 말할 건데 지금 하는 '삶' 공책을 앞으로도 꼭 해 줬으면 해요. 좋은 건 불편하고 귀찮을 수도 있는 거니까요."

- 세욱 : 등교하면 갑자기 나와 춤을 추자고 한다. 도망치면 어디서 갑자기 나타나서 이상한 춤을 추자고 한다.
- 우진 : 뒤끝과 장난이 계속 심하다. 꾸중한 잘못을 자꾸 꺼낸다. 아까 나들이 때만 해도 나가기 싫다는데 문제를 5만 문제 풀라고 한다.
- 소희 : 생긴 것 자체가 짜증난다.

"무엇이?"
"다요."
가장 많이 웃었다. 하하.
"자, 그럼 마지막으로 영근샘이 후배들을 만나면 어떤 선생님이 되면 좋을지도 말해주세요."

: 이런 선생님이면 좋겠어요 :

- 재민 : 어린 아이들을 위해 아침햇살은 점심에도 하면 좋겠다.
- 준환 : 남자 아이들이 축구를 좋아하니 나들이 시간에 축구를 많이 하

면 좋아할 것이다.

준환이의 말에 여자아이들이 외친다. "여학생들은?"

- 권유민 : 〈몽실언니〉같이 읽기 시작한 책을 끝까지 읽어 주면 좋겠다.
- 백지은 : 후배들에게 더 착하게(친절하게) 대해 주세요.
- 민성 : 노래를 들려줄 때 2절까지 들려주세요.
- 재원 : 아침햇살을 날마다 하면 좋겠다.

아이들에게서 일제히 "너는 안 나오잖아?"라는 말이 나온다.

- 현서 : 원하는 음악을 들려주세요.
- 솔 : 후배들에게 쌍꺼풀을 만들지 말아주세요.
- 민재 : 온순하게 기타를 가르치면 좋겠다.
- 정지은 : 후배들에게 약속(영근신화 들려주기)을 잘 지키면 좋겠다.
- 이효 : 이상한 장난(손 위에 머리 할때 이상한 표정)을 치지 않으면 좋겠다.
- 이수민 : 화낼 때 그 사람의 사정을 다 알고서 화를 내라.
- 정수민 : 인기와 삶을 적게 하면 좋겠다.
- 성빈 : 주말과제를 하지 않으면 좋겠다.
- 신이 : 먹을 것을 잘 주면 좋겠다.
- 유석 : 이상한 춤을 안 추면 좋겠다.

- 우진 : 아침햇살에 멀쩡한 길로 가면 좋겠다. 숨구멍 하지 말고 다른 것도 하자.
- 소희 : 생긴 것 자체가 웃기니까 웃기려고 하지 않아도 된다.

"고마워요. 여러분들이 말해준 거 잘 새겨서 더 좋은 선생이 되도록 애 쓸게요. 자, 그럼 이것으로 영근샘 토론회를 마치도록 하겠습니다."
손뼉을 치며 마쳤다.

2014년 2월 14일 금요일
마지막…

마지막 아침햇살. 반 전체 서른 명에서 열여섯 명이 나왔다. 많이 나올 수록 안 나온 녀석들이 눈에 밟힌다.
산을 한 바퀴 돌았다. 마지막은 산으로 돌고 싶었다. 도는데 아이들이 처음보다 참 잘 오르고 걷는다. 그러니 시간도 얼마 걸리지 않는다. 공원에서 놀 시간도 충분하다. 밥 얻어먹는데 보름이라 찰밥에 나물이 보인다. 보름 음식을 마지막 아침햇살에서 얻어먹었다.
"선생님, 아침햇살 또 해요."
"월요일 하면 되잖아요."
교실에서 글똥누기를 보니, 아침햇살 나왔던 아이들이 한 목소리로 오늘이 마지막 아침햇살이라 많이 아쉽다고 한다. 그건 나도 마찬가지다. 그렇지만 그런 거다.

마지막 공부. 오늘 사회 정리와 수학익힘책을 풀며 마지막 공부를 마쳤다. 월요일은 학예회와 아이들이 원하는 것을 할 것 같다(원하는 것은 놀이와 칭찬샤워다).

마지막 학급회의. 금요일 마치는 시간은 늘 회의다. 오늘은 한 해를 돌아보는 이야기를 나눴다. 어제 나왔던 영근샘 이야기가 나오길래 다른 이야기를 나누자고 하였다. 그러니 나에게 궁금한 것을 묻는다.

"내년에 6학년 하실 수 있나요?"

"몇 학년 하세요?"

"내년에도 기타 가르치세요?"

"놀러 와도 돼요?"

"선후배 같이 하는 아침햇살도 하실 건가요?"

"종업식 때 얘기해 줄게."

마지막 책 읽어주기. 오늘은 발렌타인데이면서 동시에 안중근 의사가 사형 선고를 받은 날이다. 그래서 안중근 위인전을 읽었다. 지난번에 수업 시간에 읽어줬던 책이지만 날이 날인만큼 느낌이 다르다. 올해 책을 많이 읽어준다고는 했는데도 늘 더 읽어줄 걸 하는 아쉬움이 든다. 월요일에는 책 읽어줄 시간이 없을 것 같아 오늘로 책 읽어주기가 끝이 났다.

이 모두가 오늘로 마지막이지만, 다시 15기로 계속 이어갈 활동들이라 새로운 시작이기도 하다.

마지막 행사

이제 이틀 남았다. 내일이면 참사랑땀 14기도 문을 닫는다. 지난주 금요일 교과서도 다 배웠다. 그러니 오늘 네 시간은 즐기면서 참사랑땀을 잘 닫기이다.

첫 시간에는 작은 학예회를 한다. 7월에는 1학기를 닫는 학예회로 '참사랑땀 어울림 잔치'를 했고, 지금은 한 해를 닫는 '참사랑땀 마무리 잔치'다. 그런데 그 잔치가 많이 아쉽게 끝이 났다. 해마다 우리 반 잔치는 1학기에는 우리끼리, 2학기에는 학부모를 모시고 했는데, 올해는 학부모를 모시지 못했다. 같이 사는 정순샘과 여러 이야기(정순샘의 다사랑반과 같이 공공장소의 시청각실을 빌려서 하는 것)도 나눴는데 하지 못하고 말았다. 물론 나만 아는 사실이다. '내년에라도 학부모를 모시던 우리 반 전통을 다시 살려야지' 하고 다짐한다.

다른 아쉬움도 있다. 준비시간이 모자랐던 것도 아쉽다. 제대로 하려면 과정을 하나씩 확인해야 하는데, 그러지 못했더니 몇몇이 연극으로 꾸미는 게 많다. 물론 하는 아이들은 즐겁다. 그리고 모둠연극대회를 두 번 했다고 바쁘게라도 연극으로 꾸밀 수 있다는 건 칭찬해줘야 할 일이다. 뒤에 무대도 꾸미지 않았더니 분위기가 제대로 살지 못했다. 늘 전지로 모둠에서 한 글자씩 새겨서 무대로 삼곤 했는데. 이런 모든 모자람은 내 탓이다.

"하하하" 하며 계속 웃는 아이들. 다 아는 이야기인데도 뭐가 그렇게 좋은지 웃음이 끊이지 않는다. 그러니 내가 조금 더 챙겼더라면 더 많이 웃고 즐겼을 건데 하는 생각이 더 든다.

둘째 시간에는 맛난 음식을 나눠 먹었다. 14기와 세 번 음식을 해 먹은 것 같다. 그런데도 그 횟수가 적었다고 한다. 그래서 마지막으로 한 번 더 한다. 이번에는 우리 반에서 늘 그랬듯 '음식 나눠 먹기'(뷔페)로 한다. 음식을 준비해 오되, 두 사람이 먹을 양으로 해 오라고 했다.

2인분으로 준비하라고 했건만 설빈이가 피자 세 판을 가져왔다.

"설빈아, 이게 다 뭐니?"

"엄마가 이렇게 가져가래요."

"그래? 그래. 다 먹자. 고맙다고 말씀드려."

그게 모두가 아니다. 현수는 식혜를 네 통을 가져왔다. 통이 커 어머니가 직접 가져오셨다.

"오늘 엄마들이 떡을 준비한다고 해서 집에서 직접 만들어봤어요."

그밖에도 민재는 달걀을 사람 수만큼, 승민이도 직접 만든 초코렛을 사람 수만큼.

"자, 가운데 분단은 책상을 서로 마주보게 붙이세요. 그리고 자기가 준비한 것을 그 위에 다 올릴게요. 뚜껑을 통 밑에 놓고 차리세요."

해마다 이 행사를 할 때면 통 뚜껑을 잃었다는 아이가 꼭 나왔다. 1학년 때는 뚜껑 뿐 아니라 짝 찾아준다고 정말 애 먹었다. 아주 작은 것도 챙겨야 하는 게 선생이다. 선생 노릇을 오래 하면 할수록 더 챙길 게 많아지고 손이 많이 간다. 그만큼 잔소리도 많이 늘지는 말아야 할 텐데.

"지난 금요일에도 말했지만, 음식을 가져오지 못한 사람도 있을 거예요. 우리 그 사람에게 아무 말하지 않고 그냥 같이 나눠 먹기로 했죠?" 실은 나도 안 가져왔다.

"네."

"자, 그리고 하나 더, 준비물로 개인 접시와 수저를 가져오라고 했는데 혹시 못 가져온 사람 있나요?"

현서와 둘이 손을 든다.

"그럼 현서야, 급식실에 가서 젓가락 몇 개만 빌려오자."

빌려왔는데 안 가져온 사람 나누고 한 짝이 남는다. 젓가락도 안 챙긴 내가 그걸로 먹었다.

"음식이 참 많네요. 자, 이제 음식을 나눠 먹는 방법을 알려줄게요. 우리가 늘 하는 컴퓨터 개인 뽑기 프로그램으로 한 사람씩 뽑을게요. 그러면 그 사람은 나와서 세 개를 가져갈 수 있어요. 그런데 이때 주의할 게, 다른 사람을 배려할 게 있어요. 여러분들이 먹고 싶은 게 다 비슷해요. 그런데 앞에 뽑혔다고 한 사람이 그걸 다 들고 가면 먹는 사람의 수가 얼마 안 되겠죠. 그래서 나와서는 종류에 하나만 가져갈 수 있어요. 그러니까 처음에 세 개이니, 세 종류에서 하나씩, 세 개를 가져갈 수 있는 거죠. 그리고 가져가서는 자리에 앉아서 먹도록 하세요. 왜냐하면 다른 사람 모두가 다 받고서 다시 받을 사람을 뽑을 것이니까요."

그렇게 알리고는 개인 뽑기를 하는데, 자기 이름이 나올 때마다, "와~" 하는 소리가 교실을 가득 채운다. 정말이지 신중하게 고르고, 자리에 앉아서는 정말이지 조용하게 먹는다.

이렇게 세 번을 하니 여기저기에서 "이제 배 불러요" 하는 소리다. "그래요? 그럼 남은 거 마음껏 먹어도 되니 먹고 싶은 사람 나오세요" 하니 남학생 몇이 나와서는 맛나게 먹는다. 참 고마운 아이들이다.

이렇게 배불리 맛나게 먹고는 통을 하나하나 치운다. 씻는 것은 집에서 하라고 했다.

셋째 시간을 시작하려는데, 전화가 왔다. "택배인데요. 어디로 가면 될까요?" 하기에 남학생 넷을 데리고 우리가 내려갔다. 기다리고 기다리던 문집과 잡지이다. 오늘 늦게 올 것이라며 내일 받자고 했는데 일찍 왔다.

"자, 문집과 잡지가 왔어요."

"와!" 하는 아이들을 차례로 나오게 해서는 문집과 잡지 한 권씩 두 권을 가져가도록 했다. 두 권 가격을 따지면 만 원이 넘게 되지만, 오늘 5천 원씩 받았다. 나머지는 우리 반 기타 동아리가 노래 공연하며 받은 돈이 조금 있다. 기타 동아리가 공연하며 받은 돈으로 올해 참 좋게 잘 썼다. 돈을 못낸 ○○○의 수학여행비, 현장학습비도 그것으로 할 수 있었다. 이번에는 이렇게 문집비로 보탤 수도 있다.

아이들 모습을 유심히 살피니, 손글로 된 잡지를 더 많이 본다. 아이들은 컴퓨터로 된 깨끗한 글보다 자기들의 삐뚤하지만 정성이 가득 담긴 손글을 좋아한다. 내년에 잡지를 내지 않고 문집을 묶는다면 아이들 손글씨 살릴 수 있는 방법을 조금 더 고민해야 겠다.

넷째 시간에는 지난 주 어린이회의에서 나왔듯 나들이 놀이를 했다. 마지막 놀이다. 여러 가지 놀이로 놀았다.

이렇게 마지막 하루를 여러 놀이로 닫았다.

문집 편집을 마치며

우리 반은 참사랑땀반이라 해요. 우리 참사랑땀반은 어떤 반일까요?

> ■ 참, 사랑, 땀을 큰 축(정신)으로 삼고 살아요.
>
> 1. 참사랑땀반으로 기수제로 운영되며 올해가 참사랑땀 14기입니다.
> 2. 자연과 어울리고 몸으로 배우는 공부를 많이 합니다.
> 3. 우리 먹을거리로 음식을 먹고 남김없이 먹습니다.
> 4. 우리 반에는 여러 활동이 있습니다. 계속 해 오던 활동입니다. [아침햇살], [나들이], [아띠], [희망의 노래]들. 아직 낯설겠지만 하나씩 알아가는 재미도 좋겠죠?
> 5. 삶을 가꾸는 글쓰기(일기 포함)와 학급 문집을 만듭니다.
>
> 이밖에 토론, 책 돌려 읽기, 글똥누기, 생각그물 같은 활동을 하죠. 뭔가 궁금하시겠지만 조금씩 천천히 함께 하도록 하겠습니다. 학급누리집에서 선배들 모습을 볼 수 있답니다.

위의 네모 안에 있는 글이 낯익다고요? 하하. 그럴 겁니다. 작년 3월에 제 첫 인사로 보낸 편지에 있던 글이니까요. 그때 이 편지를 받고서, '뭐야, 뭐 이렇게 복잡해. 이런 활동들은 뭐야?' 하는 생각들을 했을 겁니다. 그런데 이제는 위의 내용을 읽으면 친근하면서도 한 해 동안 우리가 살았던 모습이 떠오를 겁니다.

지금껏 1학년과 6학년을 많이 했습니다. 특히 6학년을 하면 더 이상 보기가 어렵다는 생각에 마음이 짠하고 했습니다. 올해는 상황이 조금 다릅니다. 저도 아이들도 모두 같은 학교에서 지내며 만나고 할 겁니다. 이렇게 쉬이 만날 수 있는데도 14기 삶을 마치니 언제나 그렇듯 아쉬움이 큽니다.

제가 공부하는 이오덕 선생님은 문집을 '교사의 피와 땀의 결실이다. 누가 알아줄 것이라 생각해서는 못한다. 그냥 문집을 받는 어린이들 모습이 보람이다' 라고 했습니다. 정말 그런 것 같습니다. 일기와 사진으로 엮었지만 이 문집을 엮는데 정신을 다른 곳에 쓸 수가 없었습니다. 그렇게 집중하며 문집을 만들고나니 이제는 헤어질 시간이 되었습니다.

마지막으로 부탁드릴 말씀이 있습니다. 우리 아이들은 관심과 사랑으로 마음이 커 갈 것입니다. 그 시작은 가정이고 부모이지 싶습니다. 지난 한 해 동안 저 또한 아낌없는 사랑을 주려고 애썼는데도 턱없이 모자랐던 것 같습니다. 그 점 많이 아쉽고 미안한 마음마저 듭니다. 지난 한 해 고맙습니다. 늘 행복하시고 건강하세요. 사랑합니다.

(2014. 2. 18. 참사랑땀 14기. 담임 이영근 드림)

안녕

◇◇◇

참사랑땀 14기를 닫는다.

학교 종업식을 마치고서, "자, 노래 한 곡 할게요. 마지막으로 이 노래를
불러 주고 싶어요" 하며 〈넌 할 수 있어〉를 마음 모아 불렀다. 이 노래에
서 2절 노랫말이 공부나 삶으로 힘들어하는 아이들에게 해 주고 싶다.

어려워 마 두려워 마 아무것도 아니야

천천히 눈을 감고 다시 생각해 보는 거야

세상이 너를 무릎 꿇게 하여도

당당히 니 꿈을 펼쳐 보여줘

너라면 할 수 있을 꺼야 할 수가 있어

그게 바로 너야 굴하지 않는

보석 같은 마음이 있으니

할 수 있을 꺼야 할 수가 있어 그게 바로 너야

굴하지 않는 보석 같은 마음이 있으니

보통 때는 고개를 들고서 아이들을 보며 노래하는데 오늘은 그러지 않

았다. 그냥 악보에만 눈을 두고서 노래했다. 2절에서는 마음으로 묵직한 것이 올라온다. 노래를 마치니 눈에 무엇인가 담겼다. 숨긴다(모르겠다. 아직도 아이들 앞에서 우는 것은 두렵다).

반 배정을 알려주고서,

"자, 몇 가지 말하고 우리 헤어져요. 혹시나 여러분을 모두 사랑하려고 했고, 잘하려 했지만 여러분 마음 한 곳에 앙금이 남아 있을 수 있어요. 나에게 억울했거나 화나는 것이 아직 남아 있을 수 있어요. 여러분을 위한 마음이었으니 이해해주면 좋겠어요. 그리고 6학년이 되는 걸 축하해요. 무엇보다 지난 한 해 동안 참사랑땀 14기 제자로 잘 살아져 참 고마워요. 하나만 부탁할게요. 6학년이 되면, 6학년 선생님, 동무들과 빨리 적응하려고 애쓰세요. 그러니 3월 한 달은 나를 찾아오지 않았으면 해요. 제 바람은 그래요."

그렇게 헤어지며 모두와 안으며 닫았다.

안녕.

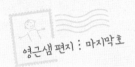

영근샘 편지 : 마지막 호

고맙습니다.

2013년 3월 4일 우리 사랑이들을 만났습니다. 6학년을 많이 맡았지 5학년은 오랜만이라 걱정도 했는데, 한 해를 돌아보면 좋았던 일이 더 많은 것 같아 다행입니다.

2013년 10월 7일 영근샘 편지-1호가 나갔습니다. 그러며 우리 반 사는 모습, 가끔은 제 사는 모습, 또는 제가 생각하는 우리 교육 같은 여러 이야기를 나눴습니다. 제 편지에 짧지만 마음이 가득 담긴 답장을 받아보는 재미가 참말로 쏠쏠했습니다.

아주 짧게 우리 모습을 돌아보며 몇 말씀 마지막으로 드립니다.

미안합니다. 모두에게 잘하려 마음먹지만 곳곳에서 아이들에게 마음에 상처나 감정의 골을 파이게 한 적도 있을 겁니다.

그래도 행복합니다. 참사랑땀 14기와 아름답게 헤어지고, 새로이 참사랑땀 15기를 이곳 군포양정초에서 맞이하니 행복합니다.

고맙습니다. 고마운 건 너무 많아, 이래저래 고맙습니다.

우리 참사랑땀 14기 식구 모두의 건강과 안녕과 행복을 빕니다.

바람 : 영근샘은 잊어도 참, 사랑, 땀의 가치는 간직하길 바랍니다.

287